グラス・スイーツ・バリエーション

さまざまな素材と組み合わせを愉しむ

ベルグの4月
山内敦生

誠文堂新光社

はじめに

初めてアントルメ・グラッセを食べたときの感動は、今でもはっきりと思い出すことができます。
それは2007年のこと。
まだ日本では今ほど浸透していなかったアイスクリームデザート、アントルメ・グラッセ。
師匠である山本次夫氏が「ベルグの4月」で出したいと思い続けていた夢が、現実へとなっていった時期でした。

試作を重ねているとき、アイスクリームマシンから出てきた練りたてのアイスクリームを口にした瞬間から、その魅力にはまりました。
できたてのアイスクリームをぱくっと一口、また一口。
それは、アニメで僧侶の大切な水あめを弟子がペロリといただく姿のようだったかと思います。
このとき食べたアイスクリームはこれまで味わったことがないものでした。

本書はそんなアイスクリームを使ったグラス・スイーツのバリエーションを紹介しています。
2種以上の素材の組み合わせや1種類でも味の引き出し方を変え、表現しました。

グラス・スイーツの魅力は、まずは見た目です。
冷たいアイスの中には盛り付けの温かさ、ときにクールさもあり、食べる人の前に置かれたときからワクワクが始まります。

作り手が食べ方を決めるのではなく、お客様自身がアイスクリーム、ソルベ、フルーツ、サブレ、メレンゲなどを、スプーンを使っていろいろな組み合わせを楽しみながら、食べ進められる。
それもグラス・スイーツの魅力です。

グラス・スイーツはアイスクリームやソルベを基本としているため、食べた

ときには口の中がどうしても冷たくなります。

グラス・スイーツの中に生クリームやチョコレートを要素として加えると、どうしても口溶けが悪くなってしまいます。

これを念頭において、組み合わせを考えるのはむずかしくもあり、楽しくもあり。

創作するときは、数種類のグラスを並べ、頭の中で組み合わせたい素材を想像し、一度画に起こします。

素材というのは口に入ったときに感じ方がそれぞれ違います。

直感的な強い味、口の中を包み込むまろやかな味、噛むごとに変化する味、カリカリサクサクなど体全体で味わう食感、そして鼻から抜けるような余韻のある香り……。

これらの強弱をつけることによって、非常にバランスがとれたひとつのデザートが完成します。

余韻が長く続くことも大事です。相性のよさはいつまでも浸っていたい心地よさにつながります。

これは生菓子、焼き菓子そして料理にも通じることでしょう。

本書ではフルーツ、野菜、ナッツ、お酒などさまざまな素材を使いました。

アイスクリームに、グラス・スイーツにすることによって新たな一面を引き出せ、改めて素材と向き合うことができました。

素材の可能性は未知数です。

これからもスイーツの新しい魅力を引き出すことに、チャレンジしていきたいと思います。

2018年5月

ベルグの4月
山内敦生

Contents

はじめに ……………………………… 002
本書の内容について ………………… 007

定番パフェにひとひねり

苺のパフェ …………………………… 008
葡萄のパフェ ………………………… 010
イチジクのパフェ …………………… 012
柿のパフェ …………………………… 014
ベリーのパフェ ……………………… 016
和のパフェ …………………………… 018
コロコロ焼き菓子のパフェ ………… 020
プリン・アラモード ………………… 022
メイクパフェ ………………………… 024

フレッシュ果物を使って

サクランボの実る頃 ………………… 026
クレープシュゼット・フルール …… 028
黒七味 ………………………………… 030
ペーシュメルバ・オマージュ ……… 032
MoMoCoCo …………………………… 034
クレームダンジュ …………………… 036
キヌア ………………………………… 038
PaRa・PaRa …………………………… 040
杏仁ポンチ …………………………… 042
ラ・フランス ………………………… 044
蜜柑色の冬休み ……………………… 046
ポロネーズ・フィグ ………………… 048
シブースト・ポム …………………… 050
金柑のサントノーレ ………………… 052

004

パニエ・ルージュ	054
紅梅	056
パンプキン	058
ポテト・ユニバーシティ	060
ベットラーヴ・アガタ	062

アイスクリーム三昧

ババババ	064
ムラング・シャンティ	066
南フランスの旅	068
メゾン・ラファエル	070
プラリーヌ・リヨン	072
エテ	074
ティラミス・マッターホルン	076
BIG III	078
ローズ	080
チョコ/ミント	082
ミルフィーユ・セザム	084
Red	086
ポテチ	088
イムルケン	090
カマルグ	092
レチェフリータ・アイス	094
ハロウィン	096
サンマルク	098

バシュラン・ポム	100
モンテ・ビアンコ	102
スノードーム	104
リュバー	106
マカダミアン	108
アイリッシュ・アイスコーヒー	110

伝統菓子をデザートに

ペーシュメルバ	112
マルジョレーヌ	114
オムレット・ノルベジェンヌ・スリーズ	116
イルフロッタント・キャラメル	118
プロフィトロール	120
ビュンヌ・リヨネーズ	122
フォレノア	124

005

アプフェルシュトゥルーデル	126	泪	150
カーディナルシュニッテン	128	桜咲く	152
モア・イム・ヘムト	130	うぐいす	154
シュトレン	132	木曽川	156
スフォリアテッラ・トリコローレ	134	Amane-D	158
ヴィクトリアスポンジケーキ	136	おみた	160
レザン	138	尾州	162
		グジェール祖父江	164
		蕎麦呑み	166
		Kakigo-ri jaune	168
		スプリッツァー	170

グラス・スイーツの構成パーツのレシピ … 172
より魅力的なグラス・スイーツを
　作るための10カ条 … 190

変化球あれこれ
▶ セイヴォリー
▶ 和フレイヴァー
▶ かき氷
▶ フローズンカクテル

アスペルジュ	140
カプレーゼ	142
トリアエズ	144
ブラッディメアリー	146
カキ・ボッタルガ	148

―グラス・スイーツ・レシピ―

本書の内容について

○グラス・スイーツの材料は1人分です。グラスの容量によって変わってきますので、目安として捉えてください。
○グラス・スイーツの作り方は、どう構築するかに重きをおいています。各パーツ（アイスクリーム、ソルベ、生地、ソースなど）のレシピについてはp172-189にまとめています。レシピのあるパーツについては、材料・分量のあとに該当するページを記載しています。
○グラス・スイーツの「フレッシュ果物を使って」カテゴリーには、野菜を使用しているものもありますが、素材の持つ甘みを生かしたグラス・スイーツという意味合いで、果物のカテゴリーに入れています。
○アイスクリームやソルベに使う素材によって糖度は変わります。特にソルベは違いが明確に出やすく、同じ果物でも新鮮なもの、缶詰め、冷凍、新鮮なものでも時期や品種、産地によって変わってきます。本書のレシピは33ブリックスを基本にしています。糖度が高い場合は水で、低い場合は粉糖を足して調節します。常時安定した品質にするためには、同じ器械、同じ材料を使って、同じ量を作り、その上でその日の状態をみながら調整することをおすすめします。
○リキュールやエキストラなど、特定の商品を使用するのが適している場合はメーカーの商品名を記載しています。

定番パフェにひとひねり

苺のパフェ

イチゴとバニラアイスクリームを組み合わせた、
誰にでも愛されるパフェの定番。
シンプルな組み合わせだからこそ、
食べ飽きさせない変化が欠かせない。
サクサクなコーンフレークで食感にコントラストを、
バニラよりあっさしたミルクアイスクリームで
味わいにグラデーションをつける。
コンフィチュールで一段とイチゴのおいしさが印象的に。

― 材 料 ―

バニラアイスクリーム ⋯⋯ 大さじ2　`P172`

ミルクアイスクリーム ⋯⋯ 適量　`P175`

ジェノワーズ（1cmの角切り）⋯⋯ 適量　`P179`

イチゴのコンフィチュール ⋯⋯ 大さじ2　`P183`

イチゴ（縦半割り）⋯⋯ 10個

コーンフレーク（無糖）⋯⋯ 大さじ2

― 組 立 て ―

1. バニラアイスクリームとイチゴのコンフィチュール大さじ1を
ざっくり混ぜ合わせる。

2. グラスの底にコーンフレークを敷き、1と残りのイチゴのコン
フィチュール大さじ1、ジェノワーズを順に重ねる。

3. 星形の口金を付けた絞り袋にミルクアイスクリームを詰め、
表面に絞る。

4. イチゴを飾り、外側のイチゴの隙間を埋めるように、ミルクア
イスクリームを絞る。

定番パフェにひとひねり

葡萄のパフェ

種なし、皮も食べられる品種改良が進み、
スイーツに取り入れやすくなった。
歯応えのある皮、みずみずしい果肉が
甘いアイスクリームのアクセントになり、
おいしく、色合いもシックな大人のパフェができる。
手に入るブドウでコンフィチュールを作れば、
簡単に季節や地方の特色を出すデザートになる。

― 材 料 ―

バニラアイスクリーム ⋯⋯ 3 スクープ　P172

ミルクアイスクリーム ⋯⋯ 適量　P175

ブドウのコンフィチュール（長野パープル）⋯⋯ 大さじ 1　P183

ブドウのコンフィチュール（シャインマスカット）⋯⋯ 大さじ 1　P183

ブドウ各種 ⋯⋯ 適量（半割り）

― 組 立 て ―

1. 2 種類のブドウのコンフィチュールをグラスの底に入れる。
2. グラスの側面に半割りしたブドウをバランスよく貼り付ける。
3. バニラアイスクリームをスプーンで山をつくるようにこんもり
　盛り付ける。
4. 半割りのブドウをグラスの縁に並べる。
5. 星形の口金を付けた絞り袋にミルクアイスクリームを詰め、
　山の中央に絞る。
6. ミルクアイスクリームの周囲にも半割りのブドウを飾る。

定番パフェにひとひねり

イチジクのパフェ

旬の短いイチジクだが、色合いといい、風味といい
ほかのフルーツにはない魅力を備えている。
ねっとりとした甘みのなかに、わずかな苦み。
この苦みがシナモンとよく合う。
イチジクのもつ独特な味わいを前面に押し出すために、
合わせるアイスクリームはシンプルにバニラとミルク。
白系のアイスクリームに淡い果肉の赤みが映える。

— 材料 —

バニラアイスクリーム ····· 大さじ2　P172
ミルクアイスクリーム ····· 大さじ3　P175
イチジクのコンフィチュール ····· 大さじ1　P183
イチジク ····· 2個
シナモンクランブル ····· 適量　P182
シナモンスティック ····· 1本

— 組立て —

1. イチジクは1個は皮をむいて厚さ1cmにスライスし、もう1個
　 はくし切りにする。
2. バニラアイスクリームとイチジクのコンフィチュールをざっくり
　 混ぜ合わせる。
3. グラスの底にスライスしたイチジクを敷き、2を重ね、砕いた
　 シナモンクランブルを散らす。
4. 星形の口金を付けた絞り袋にミルクアイスクリームを詰め、
　 表面に絞る。
5. くし切りのイチジクを飾り、シナモンスティックを添える。

定番パフェにひとひねり

柿のパフェ

柿は、今や海外でも "Kaki" や "Cachi" と表記され、
「カキ」とそのまま呼ばれるようになっている。
サクサクとした歯ざわりのものもあれば、
ねっとりと甘みの強いものもある。
山内さんの好みは後者。熟した生の果実と、
キャラメリゼして香ばしさを加えたものを
バニラ、ミルクアイスクリームとともに楽しめる。

— 材 料 —
バニラアイスクリーム ····· 大さじ3　P172
ミルクアイスクリーム ····· 適量　P175
柿のコンフィチュール ····· 大さじ1　P183
柿 ····· 1個
ピスタチオ・アッシェ ····· 少量

— 組 立 て —
1. バニラアイスクリーム大さじ2と柿のコンフィチュールをざっく
   り混ぜ合わせる。
2. グラスにバニラアイスクリーム大さじ1を敷き、1を置く。
3. 大きめに切った柿を盛り付ける。
4. 星形の口金を付けた絞り袋にミルクアイスクリームを詰め、
   柿の隙間を埋めるように絞る。ピスタチオ・アッシェを散らす。

定番パフェにひとひねり

ベリーのパフェ

ヨーグルト、ブルーベリー、グラノーラの組み合わせと言えば、
すぐに朝食が連想される。
そう、コンセプトはずばり「朝食パフェ」。
甘酸っぱいベリーとアイスクリームの相性は抜群だが、
ヨーグルトの酸味が混ざると、爽やかで食べ飽きない。
そして食パンを思わせるジェノワーズのやさしい食感。
グラノーラやシリアル、ナッツなどで変化をつければ、
いくらでもバリエーションの幅は広がりそうだ。

― 材 料 ―
バニラアイスクリーム ‥‥‥ 大さじ2　P172
ミルクアイスクリーム ‥‥‥ 大さじ2　P175
ジェノワーズ ‥‥‥ 適量　P179
ベリーのコンフィチュール ‥‥‥ 大さじ1　P183
ヨーグルト ‥‥‥ 大さじ1
グラノーラ ‥‥‥ 大さじ1
ブルーベリー、ブラックベリー、ラズベリー、グロゼイユ ‥‥‥ 各適量

― 組 立 て ―
1. バニラアイスクリームとベリーのコンフィチュールをざっくり
　混ぜ合わせる。
2. グラスに1とミルクアイスクリームを並べて盛り付ける。
3. ヨーグルトとグラノーラを混ぜ、2に重ねる。
4. ちぎったジェノワーズとベリー類を飾る。

定番パフェにひとひねり

和のパフェ

2種類のクリを贅沢に使いたいと考えたパフェは、
抹茶、黒豆、わらび餅を使って和風仕立てに。
あえて抹茶アイスクリームは使わず、バニラに混ぜ込み、
ところどころで抹茶の苦みが顔を出す設計にした。
アイスクリームの中のわらび餅は、
ぷるんとした食感が新鮮で、冷たさも和らげてくれる。

― 材料 ―
バニラアイスクリーム ….. 大さじ2　P172
ミルクアイスクリーム ….. 大さじ2　P175
わらび餅（約1cm角）….. 10個
クリの甘露煮（5mm角）….. 適量
クリの渋皮煮（5mm角）….. 適量
黒豆 ….. 適量
抹茶、粉糖 ….. 各適量

― 組立て ―
1. バニラアイスクリームに好みの量の抹茶を混ぜ合わせる。
2. グラスの底にクリの甘露煮と渋皮煮、黒豆を敷き、1、わらび餅、ミルクアイスクリームの順に重ねる。
3. 表面をパレットナイフで平らにし、グラスの縁を布で覆って、表面に抹茶をたっぷりと粉糖を少々ふる。
4. クリの甘露煮と黒豆を飾る。

Point

黒豆やクリの、黒、茶、黄色といった色味は、いわゆる果物と違って落ち着いた印象となる。表面に飾りとして置くと、とりわけ黒い色があると、全体の印象をぐっと引き締める。豆やクリはこっくりとした味わいもあるので、底にしのばせて、味覚のサプライズとしても使用。

定番パフェにひとひねり

コロコロ焼き菓子のパフェ

市販品を利用すると、
簡単で気の効いたパフェができる。
ひと口サイズで見た目も丸くてかわいいボール状の焼き菓子と、
アイスクリームを盛り付けるだけ。
ソースやナッツがあれば、立派なスイーツが完成だ。

― 材 料 ―
バニラアイスクリーム ····· 1スクープ P172
ミルクアイスクリーム ····· 1 スクープ P175
ボール状の焼き菓子
　（3種／プレーン、フランボワーズ、カボチャ）····· 適量
グラサージュ ····· 適量
ピスタチオ・アッシェ ····· 少量

― 組 立 て ―
1. グラスに焼き菓子を敷き、バニラ、ミルクアイスクリームを盛り付ける。
2. グラサージュをたらし、ピスタチオ・アッシェを散らす。

― Point ―

ザクッとした素朴な歯ざわり、表面を覆う砂糖のジャリジャリ感がアイスクリームとよく合う、「ベルグの4月」の「コロコロ」。バームクーヘン、マドレーヌ、フィナンシェなどを使っても、それぞれにアイスクリームとの食感が楽しめる。

定番パフェにひとひねり

プリン・アラモード

山内さんはパフェをつくるとき、
「ホイップクリームは使わない」と決めている。
おいしいアイスクリームとフルーツがあれば十分だからというのがその理由だ。
山内さん流プリン・アラモードは、
うず高く絞られたホイップクリームの代わりに
ミルクアイスクリームを絞り、
色とりどりのフルーツをトッピング。

— 材料 —

バニラアイスクリーム
　……1スクープ（小さなディッシャーですくう） P172
ミルクアイスクリーム……適量 P175
プリン……1個 P187
各種フルーツ……適量
ピスタチオ・アッシェ……適量

— 組立て —

1. グラスにプリンを置き、ディッシャーで丸く形を整えたバニラアイスクリームを添え、ミルクアイスクリームは星形の口金を付けた絞り袋に詰めて絞り、ピスタチオ・アッシェを飾る。
2. 各種フルーツを飾る。

※本書ではグロゼイユ、ブルーベリー、粉糖をふったフランボワーズ、ミュール、くし切りにしたグレープフルーツとオレンジ、細工切りしたリンゴを使用。

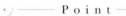

Point

芯を避けて、縦にカットしたリンゴを、厚さ5mmにスライスする。形をくずさないように、竹串を斜めに刺し、1枚1枚ずらしていく。グラスの手前はブルーベリーやフランボワーズを置き、後ろになるにしたがって高さをつけ、最背面にリンゴを飾るといい。

定番パフェにひとひねり

メイクパフェ

大きなグラスに詰め込まれたアイスクリームとフルーツ。
これだけでキャッチーなパフェだが、さらにお楽しみが。
添えられたドライフルーツ、ナッツ、ソースをふりかけ、
自分好みに味を変化できる趣向だ。
"自分でメイク（作る）する"がネーミングの由来。

― 材料 ―
バニラアイスクリーム ····· 適量 ◄ P172
ミルクアイスクリーム ····· 適量 ◄ P175
マンゴーのソルベ ····· 適量 ◄ P178
赤桃のソルベ ····· 適量 ◄ P178
ラングドシャ ····· 1本 ◄ P180
チュイル・アマンド ····· 2枚 ◄ P179
チェリーのコンフィチュール ····· 大さじ2 ◄ P183
各種フルーツ（ブルーベリー、イチゴ、キウイ、マンゴー）····· 各適量
赤いハード型のチョコレート ····· 1個
ドライフルーツ各種（グリーンレーズン、レーズン、プルーン、アプリコット）····· 各適量
パッションペパンのジュレ ····· 適量 ◄ P185
ナッツ各種（アーモンド、クルミ、ヘーゼルナッツ、ピスタチオ、ピーカンナッツ）····· 各適量

― 組立て ―
1. ブルーベリー、イチゴは縦半割り、マンゴーはひと口大、キウイはスライスし、グラ
   スの内側に貼り付ける。
2. バニラアイスクリームをグラスの半分くらいまで詰め、チェリーのコンフィチュール
   を重ね、絞り袋に詰めたミルクアイスクリームと赤桃のソルベを交互に絞る。
3. マンゴーのソルベ、バニラアイスクリーム、ミルクアイスクリームをディッシャーで丸
   く形を整え、上にのせる。
4. チュイル・アマンド、ラングドシャ、ハート型のチョコレートを飾る。
5. 刻んだドライフルーツとナッツ、パッションペパンのジュレをそれぞれ試験官に入
   れて、パフェに添える。

フレッシュ果物を使って

サクランボの実る頃

ピスタチオとサクランボの組み合わせは、スイーツの大定番。
グリーンと赤でビジュアル的にも目を引くスタイリッシュさだ。
もちろん濃厚なピスタチオとジューシーさを残した
チェリーのコンポートとの組み合わせは最高の味わいだ。
個性際立つ素材を組み合わせるときは、
すっきりとした甘さのミルクアイスクリームが仲を取り持つ。

― 材 料 ―
ミルクアイスクリーム ····· 適量　P175
ピスタチオアイスクリーム ····· 適量　P173
ジェノワーズ（グラスに合わせて丸く切る）····· 3枚　P179
チェリーのコンポート ····· 適量　P185
サクランボ ····· 4個
生ピスタチオ ····· 少々

― 組 立 て ―
1. グラスの底にジェノワーズを敷き、ミルクアイスクリーム、ピス
   タチオアイスクリーム、チェリーのコンポートの順に重ねる。
2. ジェノワーズをはさみ、ミルクアイスクリーム、チェリーのコン
   ポート、ピスタチオアイスクリームを層にする。
3. ジェノワーズをはさみ、ミルクアイスクリームで覆って表面を
   平らにする。
4. 星形の口金を付けた絞り袋にミルクアイスクリームを詰め、
   絞り、隙間に生ピスタチオをあしらう。
5. サクランボを飾る。

フレッシュ果物を使って

クレープシュゼット・フルール

高級フランス料理店のクラシックなデザートをアレンジ。
オレンジのリキュールでフランベし、オレンジをくるんだクレープ、
そしてオレンジのソルベ。
オレンジ尽くしのデザートを、
酸味とミルキーさのあるヨーグルトアイスクリームが引き立てる。

― 材料 ―

オレンジのソルベ ……適量 P178
ヨーグルトアイスクリーム ……適量 P176
クレープ（直径7.5cmの菊型に抜く）……4枚 P182
「グラン マルニエ」（オレンジリキュール）……適量
オレンジのコンフィチュール ……大さじ2 P184
オレンジの身 ……4房
オレンジの皮（千切り）……少々
ピスタチオ（輪切り）……少々

― 組立て ―

1. クレープは「グラン マルニエ」でフランベし、冷めたらブーケ型に巻く。
2. オレンジのコンフィチュールをグラスの底に敷く。
3. 星形の口金を付けた絞り袋にオレンジのソルベとヨーグルトアイスクリームを混ざらないように入れ、8山絞る。
4. 1を3の上に盛り付け、中心に3をもうひと絞りする。
5. クレープの中心に半分に切ったオレンジの身を差し込み、上にピスタチオをあしらう。アイスクリームの上にはオレンジの皮を飾る。

Point

クレープ・シュゼットは、客前でフランベして、丸い形を4つ折りにして皿に盛りつけるのがレストランのスタイル。ここではブーケ型にしている。フランベしたクレープは、まず半分に折り、直線部分を手前に置き、端からくるくると巻き上げていく。

フレッシュ果物を使って

黒七味

唐辛子やゴマ、山椒の入った黒七味はチョコレート、
特にマイルドなミルクチョコレートと合うと山内シェフ。
バナナ＋チョコレートという黄金コンビネーションを
ラムレーズンと七味で大人の味付けに。
バナナもアイスクリームを筆頭に、
チップ、ソテー、フレッシュと4つの異なる表情で登場させる。

― 材料 ―
ショコラオレ黒七味アイスクリーム ……大さじ3　P172
バナナのソルベ……大さじ3　P178
バナナチップ（砕く）……大さじ1
ラムレーズン……大さじ1
バナナ……1本
カソナード……少々
枝付きレーズン……適量

― 組立て ―
1. バナナ半分を輪切りにし、ラムレーズン、カソナードとともにソテーし冷ましておく。
2. グラスの底にバナナチップを敷き、ショコラオレ黒七味アイスクリーム、1の順で重ねる。
3. スプーンですくったバナナのソルベをのせ、残り半分のバナナを薄切りにし、縦に重ね、枝付きレーズンを添える。

Point

京都「原了郭」の登録商標品「黒七味」は、唐辛子の赤さが残る一般的な七味と異なり、色がなくなるまで揉み込む作業がなされており、その分、味の奥行も深い。香り高い山椒が含まれているため、特に酸味の感じられるチョコレートとは相性がよい。

フレッシュ果物を使って

ペーシュメルバ・オマージュ

「ペーシュメルバ」(ピーチメルバ) がモダンに変身。
バニラアイスクリームとモモという基本を押さえながら、
モモのソルベを加えて軽やかに。
アイスクリームの間には、果肉を残したコンフィチュールを。
ジュレにしたフランボワーズビネガーが持つ
キリッとした酸味で仕上げるのが
いかにも現代的であり、新しい味わいでもある。

― 材 料 ―
バニラアイスクリーム ····· 適量 P172
白桃のソルベ ····· 適量 P178
赤桃のソルベ ····· 適量 P178
モモのコンポート ····· 大さじ2 P185
モモとフランボワーズのコンフィチュール ····· 適量 P184
フランボワーズビネガーのジュレ ····· 適量 P185
アーモンドスライス ····· 適量

― 組 立 て ―
1. グラスの中に、赤桃のソルベ、白桃のソルベ、バニラアイスク
   リームを、間にモモとフランボワーズのコンフィチュールをは
   さみながら重ねていく。
※アイスクリーム、ソルベが大さじ1ずつとしたら、コンフィチュールはその
   半量くらいが目安。
2. モモのコンポート、フランボワーズビネガーのジュレをかけ、
   アーモンドスライスをあしらう。

フレッシュ果物を使って

MoMoCoCo

いつからかイタリアンレストランの夏の呼び物が
冷製のモモのパスタになっている。
極細のパスタとみずみずしい旬のモモは
確かに暑い季節にも食欲をそそる組み合わせ。
料理のメニューを、モモとモモのソルベでグラスの中に表現した。
モモのほのかな甘みはサーモンやコンソメとよく合い、
ソルベの冷たさが心地いい、上品なアペタイザーの趣だ。

― 材料 ―

白桃のソルベ（ミニクグロフ型で固める）…… 適量　P178
白桃、黄桃（2cm角）…… 各2個
リンゴ酢、砂糖 …… 各少々
スモークサーモン（2cm角）…… 2個
ゆでたカッペリーニ …… 適量
コンソメのジュレ …… 大さじ2　P185
ディルの葉、花びら、金箔 …… 各少々
エキストラバージンオリーブオイル …… 少々
白桃ビネガー* …… 少々
*リンゴ酢、グラニュー糖、白桃を1：1：1で漬け込んだもの。

― 組立て ―

1. 白桃と黄桃はリンゴ酢、砂糖少々でマリネする。
2. カッペリーニをグラスに敷き、白桃のソルベを盛り付ける。
3. コンソメのジュレと1、スモークサーモンを和え、2の周りに流し、ディルの葉と花びら、金箔をあしらう。
4. オリーブオイル、白桃ビネガーをたらし、全体を混ぜながら食べる。

Point

バットなどで冷やし固めたコンソメのジュレを、ボウルに移し、サーモン、モモを入れて和える。ジュレは固形コンソメを溶かし、ゼラチンを加えるだけで簡単にできる。ソルベに添えるので、ややゆるめに固めるといい。

フレッシュ果物を使って

クレームダンジュ

フランス西部、ロワール川に近いアンジェの郷土菓子が、
「クレームダンジュ」（クレメダンジュとも）。
真っ白なチーズ、フロマージュブランを使い、
水を切るためにガーゼで包まれているのが特徴だ。
アイスクリームをガーゼで包み、
同名のお菓子と見まがう演出で提供。
中には酸味のたつパッションフルーツのジュレが隠れている。

— 材料 —
アンジュアイスクリーム ⋯⋯ 適量　P177
パッションフルーツのジュレ ⋯⋯ 大さじ2　P185

アイスクリームを包むガーゼ（器より大きめにカットする） ⋯⋯ 1枚

— 組立て —
1. パッションフルーツのジュレは丸く形を整え、−20℃以下で冷凍しておく。
2. 器にガーゼを広げ、できあがったアンジュアイスクリームを7分目まで入れ、1を中央にのせ、アイスクリームでこんもりと覆う。ガーゼで包む。

Point

ちょっと変わった食感の氷菓となった。メレンゲを加えたアイスクリームは、凍らしても"とろっ"とした食感になり、中に入れたパッションフルーツのジュレもカチカチにはならず、弾力のある食感になる。この特徴を活かしたジュレ入りアイスクリームでバリエーションを広げるのも面白い。

フレッシュ果物を使って

キヌア

キヌアのアイスクリーム？
どんなものか想像できないかもしれない。
キヌアには独特なアーシーな風味があるが、
ミルクアイスクリームに加えると、
"あずきバー"を思わせる味と食感に化けた。
このどこか懐かしい味わいに、
南国フルーツの酸味をプラスすると、
おしゃれかつヘルシーなスイーツに、さらに進化。

— 材料 —
キヌアアイスクリーム ⋯⋯ 大さじ3 P174
マンゴー（角切り）⋯⋯ 適量
ゆでたキヌア ⋯⋯ 適量
ブルーベリー（半割り）⋯⋯ 適量
マンゴービネガーのジュレ ⋯⋯ 大さじ1 P185
バラの花びら ⋯⋯ 少々

— 組立て —
1. グラスにキヌアアイスクリーム、マンゴーの順に重ね、マンゴービネガーのジュレをかける。
2. ゆでたキヌアとブルーベリー、バラの花びらをトッピングする。

Point

南米原産の穀類であるキヌアは、必須アミノ酸を豊富に含むことから、スーパーフードとして全世界で注目されている。たっぷりの水で15分ほど茹でてから使用する。独特の大地を感じさせる香りと、プチプチとした食感が特徴だ。

フレッシュ果物を使って

PaRa・PaRa

「えっ?」と思わせるネーミングに、思わず引き寄せられる。
Paは Pamplemousse/ パンプルムース (グレープフルーツ) の、
Raは Raisin/ レザン (ブドウ) のフランス語の最初の2文字だ。
グレープフルーツとブドウの清涼感ある色合い、味は魅力だが、
それだけでは終わらない。
シナモン風味をプラスし、さらにひとひねり。

― 材料 ―
シナモンバニラアイスクリーム ⋯⋯ 適量　P172
グレープフルーツのソルベ ⋯⋯ 適量　P178
シャインマスカットのソルベ ⋯⋯ 適量　P178
シナモンクランブル ⋯⋯ 大さじ2　P182
グレープフルーツのコンフィチュール ⋯⋯ 大さじ5　P184
シャインマスカット ⋯⋯ 約10個
ピンクグレープフルーツの身 (房から出す) ⋯⋯ 3個
飴のつる (赤、黄、緑) ⋯⋯ 各2本

― 組立て ―
1. グラスの底にグレープフルーツのコンフィチュールを大さじ2を敷き、シナモンクランブル、シナモンバニラアイスクリームの順に重ね、表面を平らにする。
2. シャインマスカットは飾り用を残して、半割りにしてグラスの側面に貼り付け、グレープフルーツのソルベ、グレープフルーツのコンフィチュール大さじ3の順に重ねる。
4. シャインマスカットのソルベを盛り付け、シャインマスカットとピンクグレープフルーツ、飴のつるを飾る。

Point

グラス・スイーツを作るとき、コンフィチュールの役割は大きい。アイスクリームだけでは表現しきれない、フルーツが持つ本来の味の輪郭を、加熱して濃縮した果肉や皮が表現してくれる。口中ですぐに溶けるアイスクリームに食感で余韻を残す役割もある。

フレッシュ果物を使って

杏仁ポンチ

中国料理でおなじみのデザートをグラススイーツで再構築。
杏仁豆腐は杏仁ミルクアイスクリームを、
クコの実の代わりにグロゼイユをアクセントにした。
彩りにシャインマスカットのソルベもプラス。
ポンチ＝液体の役割を果たすのは、
琥珀色のアンズのジュレだ。

― 材料 ―
杏仁ミルクアイスクリーム……大さじ2　P176
シャインマスカットのソルベ（丸く形を整える）……6個　P178
アンズのジュレ……適量　P184
シャインマスカット……約10個（1～2個は輪切りにする）
グロゼイユ……少々

― 組立て ―
1. 杏仁ミルクアイスクリームは高さが1.5cmになるように
   バットに流し、冷やし固める。幅2～3cmの棒状に切
   り、さらに斜めに切ってひし形にする。
2. グラスにシャインマスカットを入れ、シャインマスカッ
   トのソルベ、1を入れる。
3. クラッシュしたアンズのジュレを上にかけ、グロゼイ
   ユを散らす。

Point

アイスクリームはディッシャーですくう、絞り出す、クネルする、というのが一般的な使われ方だが、杏仁豆腐よろしくひし形にカットしたのがこれ。一見アイスクリームに見えないのがおもしろい。発想を柔軟にすれば、アイスクリームの可能性はぐんと広がる。

フレッシュ果物を使って

ラ・フランス

キャラメルチョコレートのアイスクリームに洋ナシのコンポート。
食感をプラスするクランブルと飾りの飴細工。
ごくクラシックな組み合わせに聞こえるが、
プレゼンテーションで驚きを演出。
洋ナシを丸ごと1つドンと据えたインパクトと、
ほろ苦いアイスクリームがセンセーショナル。

― 材料 ―
キャラメルショコラアイスクリーム …… 大さじ2　P174
洋ナシのコンポート …… 1個　P186
クランブル …… 大さじ2～3　P182
飴細工 …… 1個

― 組立て ―
1. 絞り袋にキャラメルショコラアイスクリームを詰め、洋ナシのコンポートの裏側から空洞になった芯の部分に絞り出す。
2. グラスの底にもキャラメルショコラアイスクリームを絞り出す。
3. クランブルを敷き詰め、1をのせる。飴細工を飾る。

Point

洋ナシのコンポートは卓上水温制御機を利用して作る。ジッパー付きプラスチックバッグに芯を取った洋ナシとシロップを入れ、80℃に保った湯につけておく。煮崩れることなく、シロップを均一に行き渡らせることができる。

フレッシュ果物を使って

蜜柑色の冬休み

オレンジに比べ、日本の温州ミカンは
甘みと酸味のバランスがいい。
さっぱりしたミカンのアイスクリームに、
マカダミアナッツのプラリネで作った
コクのあるアイスクリーム。
暖かい部屋で冬に食べたい濃厚×さっぱりデザートだ。

― 材料 ―

ミカンのソルベ……適量　P178
マカダミアナッツアイスクリーム……適量　P173
マカダミアナッツのしゃらせ……適量　P188
ミカン……1～2個
ミントの葉……少々

― 組立て ―

1. 皮をむいて厚さ1cmほどの輪切りにしたミカンを、グラスの側面に貼り付ける。
2. 絞り袋にマカダミアナッツアイスクリームを詰め、グラスの1/3くらいまで絞る。ミカンのソルベも同量くらい絞る。
3. 輪切りのミカン1枚と、皮つきのまま8等分にくし切りにしたミカン、マカダミアナッツのしゃらせを置き、ミントの葉を飾る。

Point

ミカンは半分に切り、皮と房の間にナイフを入れて、房にそって身をくりぬく。くりぬいたら、輪切りにする。

フレッシュ果物を使って

ポロネーズ・フィグ

「ポロネーズ」はフランス語で"ポーランド風"を意味する。
リキュールを染み込ませたブリオッシュをメレンゲで覆った、
このフランスの古典菓子を、イチジクを使って再現した。
南イタリアで食べられるアイスクリームのブリオッシュサンドを
ふわふわメレンゲで覆ったような、
クラシカルなヨーロッパを感じさせる一品だ。

― 材料 ―
イチジクバニラアイスクリーム ⋯⋯ 大さじ2　P172
ブリオッシュ ⋯⋯ 1個　P181
ウイスキーシロップ ⋯⋯ 適量　P189
イタリアンメレンゲ ⋯⋯ 適量　P187
イチジクのコンフィチュール ⋯⋯ 大さじ5　P183
イチジクのスライス ⋯⋯ 3枚
シナモンスティック ⋯⋯ 1本
銀箔 ⋯⋯ 少々

― 組立て ―
1. イチジクバニラアイスクリームとイチジクのコンフィチュール大さじ1をざっくり混ぜ合わせる。
2. 中をくりぬいたブリオッシュに1を詰め、ウイスキーシロップを染み込ませる。
3. 2をイタリアンメレンゲでまんべんなく覆う。
4. グラスにイチジクのコンフィチュールを敷き、3を器に盛り付け、表面をところどころにトーチで焦げ目をつける。
5. イチジクのスライス、シナモンスティックを添え、メレンゲの先端に銀箔をあしらう。

Point

イタリアンメレンゲのコーティングのコツは、ブリオッシュの底にナイフを刺し込み、深めのボウルに入れたメレンゲの中にどっぷりと漬けること。全体にメレンゲをまとったら、ゆっくりと垂直に引き上げ、先端のメレンゲが糸を引くようにして、尖らせる。

フレッシュ果物を使って

シブースト・ポム

パイ生地にキャラメリゼしたリンゴ、
ふんわりとしたカスタードのクリームをのせた
「シブースト」はパティスリーの定番ケーキ。
シブーストクリームをバニラアイスクリームに代え、
リンゴのソルベで、リンゴのフレッシュさを打ち出した。

— 材料 —
バニラアイスクリーム……大さじ3　P172
リンゴのソルベ……大さじ2　P178
フィユタージュ・ラピッド（円形、ひし形に焼いたもの）
　……各1枚　P179
タタン……1/4個分　P186
グラニュー糖……適量

— 組立て —
1. 天板にグラニュー糖を広げ、200℃のオーブンで焼いて溶かし、冷ましておく。
2. グラスの底にタタンを敷き、リンゴのソルベ、円形のフィユタージュ、バニラアイスクリームの順に重ねる。
3. 1を適当な形に割って、バニラアイスクリームの上に飾り、ひし形のフィユタージュを添える。

Point

フィユタージュ生地は、メッシュローラーと呼ばれる器具で網目模様をつけ、好みの形に切り抜いた後、焼く。まとめて焼き、紙を敷いた保存容器に乾燥剤とともに入れ、ラップフィルムをかけてから蓋をして冷凍保存しておくといい。

フレッシュ果物を使って

金柑のサントノーレ

アイスクリームを詰めたシュー菓子と言えば、
「プロフィトロール」が有名だが、
もうひとつ有名なシュー菓子「サントノーレ」を
シューなしでつくるというのがアイデアの出発点。
行き着いたのが金柑。
飴がけをした姿は、「サントノーレ」のプチシューと見まがうほどだ。

― 材料 ―
プラリネノワゼットアイスクリーム ⋯⋯ 大さじ4　P173
金柑のソルベ ⋯⋯ 適量　P178
金柑 ⋯⋯ 5個
ジェノワーズ（1cmの角切り）⋯⋯ 適量　P179
ヘーゼルナッツ ⋯⋯ 3粒
飴ベース ⋯⋯ 適量　P189

― 組立て ―
1. ヘーゼルナッツの先端を飴ベースにつけ、糸を引くように先端に"ツノ"を作る。
2. 金柑はお尻の部分に穴をあけて、種をかき出す。金柑のソルベを絞り袋に詰め、金柑の中に絞る。表面に飴を少量つける。
3. グラスの底にジェノワーズを敷く。星形の口金を付けた絞り袋にプラリネノワゼットアイスクリームを詰め、グラスに絞る。
4. 金柑のソルベを星型の口金を付けた絞り袋に詰めて、中央に絞る。
5. 2と1を飾る。

Point

「サントノーレ」は本来、表面にカラメルをつけたプチシュー数個をクリームとともに土台のシューに盛り付けた、フランスの伝統菓子だ。金柑はちょうどプチシューと同じくらいの大きさ。金柑の控えめな甘さが、濃厚なヘーゼルナッツとマッチする。

フレッシュ果物を使って

パニエ・ルージュ

"ベリー摘み"のイメージで、サクサクのパイの籠に、
5種類のベリーとともに、
バニラアイスクリームを盛り付けた。
言ってみれば、ベリーのパイのアイスクリーム添えなのだが、
遊び心を加えて、
写真映えもする楽しいデザートに仕立てた。

― 材料 ―
バニラアイスクリーム……1スクープ　P172
ジェノワーズ（直径5cmの円形）……1枚　P179
イチゴ、グロゼイユ、ブルーベリー、
　フランボワーズ、ブラックベリー……各適量
砂糖……適量
三つ編みパイ籠……1個（Point参照）

― 組立て ―
1. ベリー類は、飾り用を残し、重量の30％の砂糖で、軽く煮崩れるまで煮て、冷ましておく。
2. 三つ編みパイ籠の底にジェノワーズを敷き、ディッシャーで丸く形を整えたバニラアイスクリームを入れる。
3. 2に1をかけ、飾り用のベリー類をアイスクリームの周囲にあしらう。

Point

パイ籠はフィユタージュ生地と直径5.5cm×高さ3.5cmのセルクルで作る。生地を幅5mmほどに細長く切り、3本で三つ編みする。それをセルクルに巻きつけ、180℃のオーブンで30分焼く。籠の直径に合わせてカーブさせた取っ手も一緒に焼く。フィユタージュは余り生地を集めた2番生地のほうが、膨らみがおさえられて、籠作りには向いている。

054

フレッシュ果物を使って

紅梅

梅干しと梅酒。同じ梅からできているのに、
味わいはまったく違う。
梅の持つ甘酸っぱさを軸に、この2つを共演させたデザート。
同じように甘酸っぱさがあり、
あっさりした甘みのザクロを合わせた。
ルビーのような色味のザクロと、トパーズのようなジュレで、
ぐっとスタイリッシュな仕上がりに。

— 材料 —

ザクロのソルベ……大さじ3 　P178
梅酒のジュレ……大さじ2 　P185
梅干し（ハチミツ漬けなど、甘みの強いタイプ）……1個
ザクロ……適量

— 組立て —

1. 梅干しはナイフなどで、形を崩さないように種を取り出す。
2. 丸口金を付けた絞り袋にザクロのソルベを詰め、1の中に絞る。
3. グラスの底に梅酒のジュレ大さじ1を敷き、2、さらに梅酒のジュレ大さじ1を重ね、ちぎったザクロの皮、ほぐしたザクロの実を飾る。

Point

大粒で、甘い梅干しはまず種を取り出す。ナイフの刃先で身を傷つけないように行うが、サクランボの種抜き器があれば、簡単に取れる。ザクロのソルベは、直径8mmの丸口金を付けた絞り袋に詰めて、梅干しの中に慎重に絞る。

056

フレッシュ果物を使って

パンプキン

カボチャのアイスクリームはアレンジ幅が広い。
シナモンと合わせればパンプキンパイ風になるし、
香ばしい玄米茶アイスと合わせれば一気に和風。
底にはプリンを敷いて、コクとなめらかさをプラス。
キャラメルソースの苦みは
意外に玄米茶との相性もよい。

― 材料 ―
カボチャアイスクリーム ……大さじ3　P174
玄米茶アイスクリーム ……大さじ3　P172
キャラメルソース …… 適量　P186
カボチャのプリン …… 適量　P187
キャラメル …… 6g　P187
カボチャの種 …… 少々
カボチャのコンポート（1.5cm角）…… 3個　P186

― 組立て ―
1. 耐熱グラスの底から1/4程の高さまで、キャラメルとカボチャのプリンの生地を入れ、あらかじめ焼いておく。
2. 1にカボチャと玄米茶のアイスクリームをそれぞれ盛り付ける。
3. カボチャの種を散らし、カボチャのコンポートを飾って、キャラメルソースをたらす。

Point

アイスクリームとトッピングだけでも美味しいが、プリンのなめらかな食感が加わると、食べたときの印象がグレードアップする。耐熱グラスにプリン生地を入れ、あらかじめ焼いておけば、あとはアイスクリームなどを盛り付けるだけだ。

フレッシュ果物を使って

ポテト・ユニバーシティ

名前を見て、どんなスイーツか察しはついただろうか？
そう、揚げたサツマイモを飴がけし、
黒ゴマをふった「大学芋」を
アイスクリームで再構築したスイーツだ。
コクのあるアイスクリーム、ほっくりしたコンポート、パリパリのフライと、
3通りのサツマイモを味わえる。

— 材料 —
ハチミツアイスクリーム……大さじ2　P172
サツマイモアイスクリーム……大さじ5　P174
黒ゴマアイスクリーム……大さじ3　P174
サツマイモのコンポート（1cmの角切り）……10〜15個　P186
サツマイモのフライ……大さじ2
粉糖……少々

— 組立て —
1. グラスにハチミツアイスクリームを敷き、サツマイモの
   コンポートを散らす。
2. サツマイモアイスクリーム、黒ゴマアイスクリームの
   順に重ねる。
3. サツマイモのフライをこんもりとのせ、粉糖をふる。

Point

サツマイモのフライは、サツマイモを千切りスライサーで極細におろし、パリパリに素揚げしたもの。揚げ立てに塩をふることで、アイスクリームの甘さをより引き立てる。

フレッシュ果物を使って

ベットラーヴ・アガタ

色鮮やかなビーツは日本でもよく使われる素材になった。
サラダのトッピングとして登場することが多いことから、
ドレッシングの酸っぱさを、レモンの酸味に置き換えてみた。
美しいピンク色のビーツのアイスクリームは、
ほのかに苦く、アルコールにも合いそうな大人味だ。

― 材料 ―
レモンのソルベ……大さじ2　P178
ビーツアイスクリーム（1.5cm角）……15個　P175
レモンのコンフィチュール……小さじ1　P184
ビーツの水煮（厚さ5mmの半月切り）……適量
ミントの葉……少々

― 組立て ―
1. グラスの底にレモンのコンフィチュールを敷き、ディッシャーで丸く形を整えたレモンのソルベを盛り付ける。
2. 1をビーツアイスクリームで囲む。
3. ビーツの水煮1枚を丸めて芯を作り、その周りにビーツを巻きつけ、花のようにして中央に盛り付け、ミントの葉を飾る。

Point

ベットラーブとは、ビーツのフランス語名。砂糖の原料にもなるビーツは、味もフルーツに近く、デザートにも仕立てやすい。生のビーツが手に入ったら、水、塩、酢とともに煮ておけば使いやすい。なければ水煮缶詰を利用。

アイスクリーム三昧

ババババ

ブリオッシュにラム酒を染み込ませた「ババ」は
昔からヨーロッパ各地で食べられてきた菓子だ。
シロップがたっぷり染み込んだ生地は、
本来、ホイップクリームとともに食べるのだが、
アイスクリームとも好相性。
オレンジの風味もプラスした爽やかな口当たりに、
スポイトのラム酒をたらせば、また味わいが変化する。

― 材 料 ―

バニラアイスクリーム …… 適量 P172
オレンジのソルベ …… 適量 P178
ババ …… 1 個 P181
ババシロップ …… 適量 P189
ラム酒 …… 適量
ドライオレンジ …… 1 枚 P186
ラムスポイト …… 1 個
ピスタチオ・アッシェ …… 少々

― 組 立 て ―

1. 焼き上げたババは、60℃にキープしたババシロップに染み
   込ませる。充分にババシロップを染ませたら網にあけ、ラム
   酒をふりかける。
2. グラスの底に 1 を置き、オレンジのソルベを小さいディッ
   シャーで丸く形を整え、3 ～ 4 個重ねる。
3. バニラアイスクリームを山盛りにし、パレットナイフで表面を
   滑らかにする。ピスタチオ・アッシェを散らし、ドライオレンジ、
   ラムスポイトを添える。

ムラング・シャンティ

余った卵白を焼き、クレーム・シャンティ（ホイップクリーム）を
はさんだパティスリーの定番菓子は、
パティシエが編み出した傑作だ。
それをそのまま氷菓で表現。
アイスクリームとサクサクのメレンゲと香ばしいナッツ。
そのままでも充分美味しいパーツを組み合わせると、
美味しさは4倍、5倍に膨らむ。

― 材 料 ―

ミルクアイスクリーム ····· 適量　P175
キャラメルアイスクリーム ····· 適量　P173
メレンゲ 2:1 ····· 3 枚　P183
マカダミアナッツのしゃらせ ····· 適量　P188

― 組 立 て ―

1. メレンゲ 2:1 は、平口金を付けた絞り袋に詰め、波打つよう
   に約10cmに絞って、焼く。乾燥剤とともに密閉容器に保存し
   ておく。
2. 絞り袋を2つ用意し、それぞれにミルクアイスクリームとキャ
   ラメルアイスクリームを詰めて、先端をカットする。星形の口
   金を付けた絞り袋にこの2つを入れる。
3. グラスの半分を埋めるように 2 を絞って土台を作り、1 を 3 枚
   立て、その間に 2 をうず高く絞る。
4. マカダミアナッツのしゃらせをところどころに飾る。

アイスクリーム三昧

南フランスの旅

1990年代に世界的ベストセラーとなった、
ピーター・メイルの著作『南仏プロヴァンスの12か月』に登場し、
一躍有名になったリキュール "パスティス"。
地中海沿岸で採れるオレンジやアーモンドとともに、
洒落たカクテルグラス・デザートにした。
仕上げに飾るカリソンはアーモンドをふんだんに使った
南仏・エクサンプロヴァンスの郷土菓子だ。

― 材料 ―
アーモンドミルクアイスクリーム……1スクープ P175
パスティスオレンジのジュレ……大さじ3 P185
ドライオレンジ……1枚 P186
カリソン……1個
スターアニス……1個

― 組立て ―
1. グラスの底にフォークで砕いたパスティスオレンジのジュレを入れ、ドライオレンジで蓋をする。
2. スプーンでクネル状にしたアーモンドミルクアイスクリームを1にのせ、カリソンとスターアニスを飾る。

Point

パスティスとは、薬草のような香りのリキュール。水を加えると、透明から薄緑色を帯びて白濁するのが特徴だ。ニガヨモギを使ったアブサンが一時製造中止になり（その後、復活）、その代わりにスターアニス、フェンネル、リコリスなどのスパイス、ハーブを漬け込んだリキュールが、各社から「リカール」「ペルノ」といった名前で登場。その独特な香りに似たアーモンドと合わせると、絶妙なハーモニーを奏でる。

アイスクリーム三昧

メゾン・ラファエル

山内シェフがフランスで友人と過ごした思い出から生まれた一品。
バーベキューの後にデザートで食べたフレンチトーストは、
バニラ粒の入ったメープルシュガーがかかっていて、
とても美味しかったという。
メープル風味にほんのりショウガを香らせて、
味にさらに奥行きをもたせた。

— 材料 —
プラリネクルミアイスクリーム ⋯⋯ 大さじ3〜4 P173
メープルクルミアイスクリーム ⋯⋯ 大さじ3〜4 P175
フレンチトースト ⋯⋯ 5枚 P187
クルミのショウガしゃらせ ⋯⋯ 適量 P188
ハチミツ、粉糖 ⋯⋯ 各少々

— 組立て —
1. グラスに2種類のアイスクリームを入れて、パレットナイフでざっくり混ぜる。
2. フレンチトーストを並べ、クルミのショウガしゃらせを飾り、フレンチトーストに軽く粉糖をふって、ハチミツをたらす。

Point

フレンチトーストには、カナッペ用のひと口ラスク（約3.5cm角）を利用。デザートのトッピングに使いやすいサイズなうえ、乾燥しているのでほどよくアパレイユ（卵液）を吸う。パンより保存期間も長い、隠れた名アイテム。

プラリーヌ・リヨン

山内シェフの思い出がインスピレーション。
リヨンの修業先では、牛乳とともにまかないによく出たのが
この真っ赤なキャラメル味のタルトだ。
よく焼き込んだタルト、ローストしたアーモンド、キャラメル。
甘く、濃厚なアイスクリームに負けない香ばしさの三重奏だ。
タルト・プラリーヌの鮮やかな赤が
グラス・スイーツの中でさし色となり、
はっと目を引く印象に。

― 材料 ―
プラリネルージュアイスクリーム ⋯⋯ 大さじ5　P176
ミルクアイスクリーム ⋯⋯ 大さじ5　P175
タルト・プラリーヌ ⋯⋯ 適量　P181
プラリーヌ・ルージュ ⋯⋯ 適量　P187

― 組立て ―
1. グラスの底にひと口大に切ったタルト・プラリーヌを入れる。
2. 2種類のアイスクリームを並べて、1の上に盛る。
3. タルト・プラリーヌ1切れとプラリーヌ・ルージュを飾る。

Point

美食の街、フランス・リヨンの街角では、ピンク色の糖衣をまとったブリオッシュをよく見かける。赤い色素を加えた糖衣にくるまれたアーモンド、プラリーヌ・ルージュは街の名物のひとつ。タルト・プラリーヌはこの赤いプラリネと生クリームのキャラメルを詰めたタルトだ。

エテ

コロコロのアイスクリームを
夏のフルーツとともに何種類も入れた夢ある構成。
グラスの真ん中にはスイカに見立てたスイカのソルベが隠れている。
フランス語で夏を表すネーミングがぴったりの、
バケーションシーズンに食べたいデザートだ。

― 材 料 ―

ミルクアイスクリーム ……適量 P175

バニラアイスクリーム ……適量 P172

ココナッツアイスクリーム ……適量 P174

オレンジのソルベ ……適量 P178

スイカのソルベ ……適量 P178

チェリーのソルベ ……適量 P178

マンゴーのソルベ ……適量 P178

カシスのソルベ ……適量 P178

メレンゲ 2:1 ココナッツ（棒状に焼く）……3 本 P183

シャインマスカットのコンフィチュール ……適量 P183

チョコレート ……適量

各種夏のフルーツ（本書ではモモ、キウイフルーツ、アメリカンチェリーを使用）……適量

― 組 立 て ―

1. アイスクリーム、ソルベ、モモ、キウイフルーツはそれぞれ直径2cmほどのボール状にする。

2. グラスの直径と同じボウルなどを利用し、スイカのソルベ大さじ3、ココナッツアイスクリーム大さじ1を重ね、冷やし固める。

3. 2 のスイカのソルベ側に穴をあけ、チョコレートを絞って種に見立てる。ココナッツアイスクリーム側はシャインマスカットのコンフィチュールを塗り広げ、チョコレートで波線を描く。

4. グラスの下半分にボール状のアイスクリーム、フルーツを数個入れ、その上に3を重ね、さらにアイスクリーム、フルーツを入れる。

5. メレンゲ 2:1 ココナッツとフルーツを飾る。

ティラミス・マッターホルン

氷菓でティラミスをつくることは難しくない。
マスカルポーネとコーヒーのアイスクリームを合わせれば
それらしい味になる。
でも、それだけではつまらない。
スイスの名峰をイメージし、
ビジュアルにもしっかり訴えるデザインの
グラス・スイーツに変身させた。

― 材料 ―
マスカルポーネアイスクリーム……大さじ5〜6 P177
蒸しパンカフェ……1個 P182
カカオパウダー、粉糖……各少々

― 組立て ―
1. マスカルポーネアイスクリームを山型に盛り付ける。
2. 1の周りにちぎった蒸しパンカフェを飾る。
3. アイスクリームにはカカオパウダー、蒸しパンには粉糖をふる。

Point

ごつごつとした岩を表現するために使われたのは、見た目と裏腹にふわふわの蒸しパン。しっとりとした口当たり、ふんわりと香るコーヒーが、ミルキーなマスカルポーネアイスクリームとなじみ、口の中でティラミスの味わいが完成する。ちぎって、あえてラフに飾ることで、視覚的な楽しさも演出。

アイスクリーム三昧

BIG Ⅲ

チョコレート好きにたまらない一品。
刺激的な香りを付けた
ビター、ミルク、ホワイト、3種のチョコレートアイスクリームが
ひとつのグラスに集合。
それぞれに個性的な香りが付いていて、
"冷たいボンボン・ショコラ"と言ってもいいくらいだ。

― 材料 ―
ショコラノワール黒胡椒アイスクリーム ⋯⋯ 大さじ3　P172
ショコラオレ山椒アイスクリーム ⋯⋯ 大さじ3　P172
ショコラブラン・トンカアイスクリーム ⋯⋯ 大さじ3　P172
ブラウニー（長辺3cmくらいの三角形に切ったもの）⋯⋯ 3個
フランボワーズ ⋯⋯ 3個
チョコレートブロック ⋯⋯ 適量

― 組立て ―
1. チョコレートブロックの表面を口金の裏などを利用して削って丸め、大小3つずつのデコレーションを作る。
2. グラスの底から1/4くらいまで、ショコラノワール黒胡椒アイスクリームを入れ、ブラウニー、フランボワーズを重ねる。
3. ショコラオレ山椒アイスクリーム、ショコラブラン・トンカアイスクリームの順に重ねる。
4. 1を飾る。

Point

3種類のチョコレートアイスクリームは、それぞれ黒胡椒、花椒、トンカと粒状のスパイスで風味づけがされている。黒胡椒と花椒は特に強い辛みもあるので、香りだけを立たせるために、アイスクリームの材料である牛乳を温め、ホールのまま加えてラップで覆い、数分おく。これをアンフュゼと呼ぶ。他の材料と混ぜる前に、胡椒の粒は取り除く。

アイスクリーム三昧

ローズ

誰が最初に見つけたのか、
ローズとフランボワーズ、ライチの組み合わせは、
これ以上ないほどの好ハーモニー。
キリッとしたフランボワーズの酸味に芳しいローズの香り。
この2つを上品にまとめるのがライチの役割だ。
うっとりとするような組み合わせを
ソルベと、花びらをかたどったシガレットローズとともに。

— 材料 —
フランボワーズローズのソルベ……適量　P178
ライチのソルベ……適量　P178
シガレットローズ……適量　P180

— 組立て —
1. 丸口金を付けた絞り袋にライチのソルベを詰め、グラスの底から半分くらいまで絞る。
2. 丸口金を付けた絞り袋にフランボワーズローズのソルベを詰め、1の上にこんもりと絞り出す。
3. シガレットローズを中心から外側へ、同心円に差していく。

Point

バラの花びらを表したシガレット・ローズは、生地を花びら形にして天板に並べて焼き、焼き上がったら、温かいうちに指先で軽くカーブさせ、花びらのようなニュアンスをつけて、冷ます。乾燥剤とともに密閉容器で保存しておく。

チョコ/ミント

チョコミントではなく、チョコまたはミント。
ミントアイスクリームの中にチョコチップの入ったアイスクリームは
熱狂的なファンもいれば、苦手な人もいることから、
混ぜずに別々に味わえるようにした。
香料を使わず、ミントの葉を抽出して使うので、
香りもふんわりやさしい。

― 材料 ―
ショコラアイスクリーム …… 適量 P172
ミントアイスクリーム …… 適量 P175
ショコラサブレ（直径7cmの円形に抜いて焼く）…… 2枚 P179
ミントの葉、チョコレートがけしたカカオニブ …… 各少々

― 組立て ―
1. グラスの底にショコラサブレを1枚敷く。
2. 丸口金を付けた絞り袋2つにそれぞれ、ショコラアイスクリーム、ミントアイスクリームを詰める。サブレの縁に沿って、小さじ1くらいの量を交互に絞って、1周する。中央にも絞る。
3. ショコラサブレをかぶせ、2を繰り返す。ミントの葉とチョコレートがけしたカカオニブを飾る。

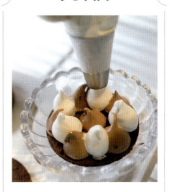

Point

アイスクリームはディッシャーやスプーンで盛り付けるだけでなく、クリームのように絞り袋に入れて絞ることができる。絞り袋に詰め、室温において少し柔らかくするのが、きれいに絞るコツだ。丸口金を使い、垂直に持ち上げるように絞ると、丸い滴のような形になる。

ミルフィーユ・セザム

アイデアの出発点は、実は長野県産のアンズ。
力強い香りをもつアンズをコンフィチュールにして、
その甘酸っぱさに合う素材は何かと考えたとき、
浮かんだのがクリーミーなゴマのアイスクリーム。
菓子名のセザムは、そのゴマをフランス語で表したものだ。
アンズのコンフィチュールをたっぷり付けて食べられるように、
パイ生地ではさんだミルフィーユ仕立てにした。

― 材 料 ―

白ゴマアイスクリーム ····· 適量　P174

黒ゴマアイスクリーム ····· 適量　P174

アンズのソルベ ····· 大さじ3　P178

フィユタージュ・ラピッド ····· 適量　P179

アンズのコンフィチュール ····· 大さじ1 〜 2　P184

― 組 立 て ―

1. 2種類のアイスクリームは、それぞれ焼き上げたフィユタージュ・ラピッドの間に厚さ3cmほどにはさんで冷凍しておく。

2. グラスの底にアンズのソルベを敷き、長さ15cm、幅2cmほどに切った1を1本ずつ置く。

3. アンズのコンフィチュールをかける。

Red

赤いグラデーションが美しいグロゼイユとカシスのソルベに
組み合わせたのはヨーグルトアイスクリーム。
少々えぐみのある赤い実のフルーツは
バニラやミルクのアイスクリームより、
酸味のあるヨーグルト味がしっくりくる。
スーパーフードのチアシードを添えると、
シックな朝食風パフェになった。

― 材料 ―
ヨーグルトアイスクリーム……大さじ4　P176
グロゼイユのソルベ……大さじ2　P178
カシスのソルベ……大さじ2　P178
ホワイトチョコレート細工……1枚
チアシード……大さじ1
グロゼイユとカシスのソース……少々　P186
銀箔……少々

― 組立て ―
1. グラスの底にチアシードを入れ、カシスのソルベ、グロゼイユのソルベ、ヨーグルトアイスクリームの順にラフに重ねる。
2. ホワイトチョコレート細工をのせ、グロゼイユとカシスのソースをかけ、銀箔を飾る。

Point

パフェをデセールに変身させるのが、チョコレート細工やソースだ。溶かしたホワイトチョコレートをオーブンシートに広げ、もう1枚用意したオーブンシートではさむ。ボール状のものにのせて中央部をへこませ、冷蔵庫で冷やし固める。

アイスクリーム三昧

ポテチ

しょっぱいスナックと甘いお菓子を一緒に食べるのは、
なぜかクセになる美味しさ。
そんな体験に着想を得た
ピーナッツバターアイスクリームとポテトチップの組み合わせは、
濃厚さはあるけれど、
気取らない味のピーナッツバターのアイスクリームが
ポテトチップの塩けにマッチし、
一度食べ始めたら、もう止まらない。

― 材料 ―
ピーナッツバターアイスクリーム……大さじ3～4　P173
ポテトチップ……4枚
ピーナッツのしゃらせ……適量　P188

― 組立て ―
1. グラスにピーナッツバターアイスクリームを盛り付け、ポテトチップとピーナッツのしゃらせを飾る。

— Point —

ポテトチップは市販品を使ってもいいが、アイスクリームをすくって食べられるくらい厚切りが理想。自家製するなら、メークインを1～2mmにスライスして、水にさらし、水気を切ってから油で揚げる。仕上げには塩をふる。

アイスクリーム三昧

イムルケン

クルミとキャラメル、
クルミのリキュール「ノチェロ」を利かせた同名のケーキを
アイスクリームと軽いクッキーの中に詰めた。
「ノチェロ」はアイスクリーム生地を作る時点で加えると、
ゆるくなってしまうので、直前で合わせるのがコツ。
不思議な名前の秘密は。
アルファベット表記にして、
IMURUKENを逆から読んでみると…。

― 材料 ―
バニラアイスクリーム……適量　P172
キャラメルクルミアイスクリーム……適量　P173
ジェノワーズ
　（クルミのシガレットの直径に合わせて円形に抜く）……1枚　P179
クルミのシガレット……3枚　P180
「ノチェロ」（クルミのリキュール）……適量
濃厚キャラメルソース……適量　P186
塩クルミ……適量

― 組立て ―
1. クルミのシガレットは高さ15cmの円筒形に焼く。
2. グラスの底にジェノワーズを敷き、1を置く。
3. 絞り袋にバニラアイスクリームと「ノチェロ」大さじ1を混ぜたもの、キャラメルクルミアイスクリームを詰め、2の中に絞る。
4. 濃厚キャラメルソースを上からかけ、塩クルミを散らす。

Point

天板にクルミのシガレット生地を15cm×15cmほどに伸ばし、ところどころ生地を薄くしたり、穴をあけたり、ちょっとだらしない形にすると、可愛い仕上がりになる。乾燥剤とともに密閉容器で保存しておく。

アイスクリーム三昧

カマルグ

食感や味のアクセントになる素材と、
ユニークなデザインのアイディアがあれば、
市販のアイスクリームでも
立派なデザートができる一例がこちら。
トッピングするほんのわずかな塩が、
チョコレートアイスクリームの印象をガラリと変える。

— 材料 —
ショコラアイスクリーム……大さじ4 P172
バニラアイスクリーム……大さじ2 P172
クランチ……大さじ2 P188
パールクラッカン……適量
カマルグの塩(海塩)……少々
金箔……少々

— 組立て —
1. グラスの底にクランチ大さじ1を敷き、バニラアイスクリームを重ねる。
2. 絞り袋にショコラアイスクリームを詰め、星形を描くように絞る。
3. ところどころにクランチ、パールクラッカン、カマルグの塩を散らし、金箔をあしらう。

Point

このグラス・スイーツは、「ベルグの4月」で人気のケーキを再構築したもの。チョコレートケーキに、フランス南部のカマルグ産の天然塩でアクセントをつけている。いかにも柔らかそうに見える、チョコレートクリームの絞り方がポイント。

レチェフリータ・アイス

熱々の衣の中は、溶けかかった冷たいアイスクリーム。
レチェ（牛乳）をフリータ（揚げる）したスペインの素朴なお菓子を、
アイスクリームに代えた。
酸味のあるソースとともに、
揚げ立ての熱々とアイスクリームの冷たさを一度に食べたい。
熱さと冷たさが同居した新鮮な味わい。

— 材料 —

バニラアイスクリーム（直径3cmの半球型）……4個　P172
パータシュー……適量　P181
ベリーのコンフィチュール……適量　P183
揚げ油……適量

— 組立て —

1. パータシューは加える卵を多めにして、トロトロの状態に仕上げる。
2. 半球型のアイスクリームは2個ずつ貼り合わせて、楊枝で留め、1にくぐらせ、高温の揚げ油で揚げる。
3. 2の油を切り、グラスに盛り付け、ベリーのコンフィチュールをかける。

Point

アイスクリームのフライは、アイスクリームはカチカチの状態、揚げ油は高温にしておくのがコツだ。また、衣にするパータシューは卵を多く加えて、柔らかくしておくとアイスクリームに衣づけしやすい。

アイスクリーム三昧

ハロウィン

ハロウィンは秋の楽しいイベントとしてすっかり定着した。
くりぬいたカボチャでできた"ジャック・オー・ランタン"も
おなじみになったところで、ぜひデザートにも取り入れてみたい。
黄色いクリームの中に隠れているのは、
シュー皮に詰められたカボチャのアイスクリームと、
ほっくりした甘さを引き立てる、酸味爽やかなリンゴのソルベだ。

— 材料 —
カボチャアイスクリーム……適量 P174
リンゴのソルベ……適量 P178
パータシュー……1個 P181
リンゴのソテー（薄切りしたリンゴをバターでソテーしたもの）……適量
生クリーム……適量
カボチャのペースト……適量
シナモンクランブル……大さじ3 P182
チョコレートパーツ……適宜
生ピスタチオ……1粒
カボチャの種……少々

— 組立て —
1. 焼き上げたパータシューを横半分に切り、下半分にカボチャアイスクリーム、上半分にリンゴのソルベとリンゴのソテーを入れる。冷凍庫で冷やし固める。
2. グラスの底にシナモンクランブルを敷き、1をのせる。
3. 平口金を付けた絞り袋に、あらかじめ1:2の割合で合わせておいた生クリームとカボチャペーストを詰め、シューの表面に絞る。
4. チョコレートで作った顔のパーツを貼り付け、シューのトップには生ピスタチオを、シナモンクランブルの上にはカボチャの種をあしらう。

Point

カボチャのほんのりした甘みはアイスクリームにすると、ちょっとぼやける。そこで酸味とやわらかな香りがあるリンゴのソルベをペアリング。リンゴのソルベには、食感と果肉のジューシーさを加えるために、リンゴのソテーもプラス。

サンマルク

グラス・スイーツを考えるとき、
フランスの伝統菓子からアイディアをふくらませるのは楽しい。
たとえば、この「サンマルク」。
もとはバニラとチョコレートのクリームを
アーモンド入りスポンジ生地ではさみ、
表面をキャラメリゼしたケーキだ。
クリームの代わりになるアイスクリームを棒状にして、
楽しくモダンなデザートにした。

― 材料 ―

ショコラアイスクリーム……適量　P172
ミルクアイスクリーム……適量　P175
ジョコンド……大中小の円形各1枚　P180
卵黄、グラニュー糖……各少々
小さなバラの花……1個
金箔……少々

― 組立て ―

1. 円形に抜いたジョコンド生地は表面に卵黄を塗り、グラニュー糖をふり、焼きごてでキャラメリゼする。
2. 2種類のアイスクリームは、それぞれ丸口金を付けた絞り袋に詰め、棒状に絞って、冷やし固めておく。
3. 2をさまざまな長さに切り、グラスに入れる。
4. 1、バラの花、金箔をあしらう。

Point

「サンマルク」といえば、キャラメリゼした表面の光沢が思い出される。ツヤツヤした光沢は、ジョコンド生地に卵黄を塗って、グラニュー糖をふり、バーナーでキャラメリゼを5回繰り返す。見た目にも美しく、パリパリと焦げた苦味がアイスクリームのアクセントにもなる。

アイスクリーム三昧

バシュラン・ポム

「バシュラン」とは、メレンゲにアイスクリームを添えたデザート。
一見、メレンゲもアイスクリームも使われていないように見えるが、
そこにはしっかり仕掛けがある。
丸ごとのリンゴを切ると、中にアイスクリームとソルベ、
そしてシナモン風味のメレンゲが現れ、
もはや食べるアート作品。

― 材 料 ―

リンゴのソルベ……適量　P178
カシスのソルベ……適量　P178
ハチミツアイスクリーム……適量　P172
パータ・フィロ（カップ状にして焼いておく）……3枚
グラサージュ・ルージュ……適量
シュクセアマンド（直径7cmの半球型）……2個　P180
チョコレートで作ったへた……1個

― 組 立 て ―

1. 直径7cmのシリコン製半球型の側面に、ハチミツアイスクリームを厚さ1cmに広げる。
2. シュクセアマンドを回転させながら、ねじ込むように重ね、リンゴのソルベを厚さ1cmに塗り広げ、カシスのソルベで埋める。
3. 表面をリンゴのソルベで薄く覆い、冷やし固める。これを2つ作る。
4. 3を合わせて球状にし、天地に指でくぼみを作る。
5. グラサージュ・ルージュで全体を覆い、上にチョコレートで作ったへたを付ける。
6. グラスにパータ・フィロを置き、5をのせる。

Point

"リンゴ"の断面はこのようになっている。半球型にアイスクリームと生地を重ねて詰め、上下に合わせて球にした。全体を覆うのは、食用色素で色づけしたミロワール・ヌートル、またはベリーなどで作ったグラサージュ。グラスに敷いたパータ・フィロはごく薄い、層のないパイ生地。器の大きさと同じ直径の型に敷き、焼くと器のようになる。

モンテ・ビアンコ

クリの菓子といえば、モンブランがすぐに思い浮かぶだろう。
フランス語で「白い山」を意味する菓子は、
イタリア語になると、このデザートのように名前を変える。
イタリアの伊達男をイメージして、
クリのアイスクリームに、鮮やかなカシスのソルベを合わせた。

― 材料 ―
カシスのソルベ……大さじ3〜4 P178
マロンアイスクリーム……大さじ2 P174
カシスのコンフィチュール……大さじ1 P183
シュクセカシス……適量 P180
マロンクリーム（Point参照）……適量
金箔……少々

― 組立て ―
1. シュクセカシスは直径8mmの丸口金を付けた絞り袋で、小さな山型に絞って焼く。乾燥剤とともに密閉容器で保存しておく。
2. グラスの底に1を敷き、マロンアイスクリームを入れ、表面を平らにし、カシスのコンフィチュールを流す。
3. 2の上にカシスのソルベを盛り、ナイフで山型に整える。
4. モンブラン用の口金を付けた絞り袋にマロンペーストを詰め、表面を覆うように絞る。1と金箔をあしらう。

Point

マロンクリームの作り方：マロンペーストと6分立ての生クリームを4：1で合わせたもの。これを小さな穴がいくつも開いた、モンブラン用の口金を使って絞る。

スノードーム

キラキラ光るガラスドームの中に、
ちょこんと座った雪だるま。
全部食べられる!
でも、食べるのは惜しいくらい可愛い。
パーティのとっておきのデザートや、
アニバーサリーの贈り物などにぴったりの
人を笑顔にできるアイスクリームだ。

― 材 料 ―

バニラアイスクリーム……適量　P172
綿あめ……適量
マジパン……適量
チョコレート……適量
ホワイトチョコレート細工(雪の結晶)……1個

― 組 立 て ―

1. サイズ違いのディッシャーで、バニラアイスクリームを大小2つの球状に整え、縦に積み、雪だるまにする。
2. 赤い食用色素で色付けしたマジパンで帽子、マフラーなどのパーツを作り、1に飾り付けをする。チョコレートで顔の表情を作る。
3. グラスに綿あめを敷き、2とホワイトチョコレートの雪の結晶を置いて、ガラス製のカバーをかぶせる。

Point

インスピレーション源はなんと、100円ショップで見つけた小さなガラス小物。スプレー式の食用銀粉をかけてキラキラにして使った。雪に見立てたのは綿あめだ。

リュバー

フキのような見た目の野菜、
ルバーブ（フランス語でリュバーブ）は、
美味しいジャムの材料にするのが定番。
その爽やかな酸味は、イチゴとの相性も抜群だ。
コンフィチュールを混ぜたバニラアイスクリームを棒アイスにして、
カジュアルなスタイルで仕上げた。

— 材料 —
バニラアイスクリーム ⋯⋯ 適量　P172
イチゴとルバーブのコンフィチュール ⋯⋯ 適量　P184
コーティング用ホワイトチョコレート ⋯⋯ 適量
フリーズドライイチゴ ⋯⋯ 適量

バーアイスクリーム用スティック ⋯⋯ 1本

— 組立て —
1. バニラアイスクリームとイチゴとルバーブのコンフィチュールを5:1の割合でざっくり混ぜる。
2. 直径1.7㎝の丸口金を付けた絞り袋に1を詰め、冷凍庫に入るサイズのバットの上に長さ7〜8㎝に2本絞る。バーアイスクリーム用スティックを中心に置き、上にアイスクリームを2本絞って冷やし固める。
3. 2を冷凍庫から取り出し、柔らかくしたバニラアイスクリームをパレットナイフで塗り広げて全体を覆い、溶かしたホワイトチョコレートでコーティングする。フリーズドライイチゴを散らし、冷やし固める。
4. グラスの底にイチゴとルバーブのコンフィチュール大さじ2を敷き、3を入れる。

Point

アイスクリームのバリエーションを簡単に広げられるのが、コンフィチュールを加える方法だ。冷凍庫から出してしばらく置き、柔らかくなったアイスクリームにコンフィチュールを加え、ざっくりとマーブル状になる程度に混ぜる。混ぜ切らず、コンフィチュールの食感が残るくらいが美味しい。

アイスクリーム三昧

マカダミアン

ナッツの入ったチョコレートアイスクリームバーは
たくさん市販されているが、
自分で作ればナッツを好きなだけ
贅沢に使えるのがうれしい。
キャラメルアイスクリームも、さらにキャラメルを加えてリッチに。
アイスクリームの"絞り"をマスターすれば、
オリジナルのアイスクリームバーがどんどん増やせる。

― 材料 ―

塩キャラメル・マカダミアアイスクリーム …… 適量　P173
濃厚キャラメルソース …… 適量　P186
マカダミアナッツのしゃらせ …… 適量　P188
コーティング用チョコレート …… 適量
アーモンドダイス(ローストする) …… 適量

バーアイスクリーム用スティック …… 1本

― 組立て ―

1. 塩キャラメル・マカダミアアイスクリームと濃厚キャラメルソースを10:1の割合でざっくり混ぜる。
2. 直径1.7cmの丸口金を付けた絞り袋に1を詰め、冷凍庫に入るサイズのバットの上に長さ7〜8cmに2本絞る。バーアイスクリーム用スティックを中心に置き、マカダミアナッツのローストを1本に3個ずつのせ、上にさらにアイスクリームを2本絞って冷やし固める。
3. 2を冷凍庫から取り出し、溶かしたチョコレートにアーモンドダイスを加えて、コーティングする。マカダミアナッツのしゃらせを散らし、濃厚キャラメルソースをたらす。

Point

「リュバー」(→P106)と同じく、アイスクリームを絞って作る棒アイスクリームは、ナッツなどを忍ばせることができ、面白い。他の素材でも活用できる、汎用性のあるレシピだ。

アイスクリーム三昧

アイリッシュ・アイスコーヒー

体の温まるコーヒーカクテルの代表作を
コーヒーゼリーとともに夏バージョンに。
ウイスキーを利かせた大人向けのゼリーはゆるく固める。
少し柔らかくなった
ミルクとコーヒーのアイスクリームと混ぜ合わせながら食べると、
その口当たりのよさに、
お酒であることを忘れてしまいそうなので要注意。

— 材 料 —
カフェアイスクリーム ····· 適量　P175
ミルクアイスクリーム ····· 適量　P175
ウイスキーコーヒーゼリー ····· 適量　P187
ホイップクリーム ····· 適量
インスタントコーヒー ····· 少々

— 組 立 て —
1. グラスの半分くらいまで、ウイスキーコーヒーゼリー液を入
　 れ、冷蔵庫で冷やし固める。
2. 丸口金を付けた絞り袋を2つ用意し、ミルクアイスクリーム、
　 カフェアイスクリームを詰め、順に1の上に絞る。
3. 柔らかめに泡立てたホイップクリームを2の上に流し、インス
　 タントコーヒーをふる。

110

伝統菓子をデザートに

ペーシュメルバ

19世紀末、ロンドンのサヴォイ・ホテルで
当時、料理長だったオーギュスト・エスコフィエが考案し、
今に受け継がれる古典デザート「ピーチメルバ」。
ペーシュメルバは、そのフランス語読み。
基本のレシピを忠実に再現しつつも、
フレッシュなフランボワーズを縁どることで
モダンさも演出。

― 材 料 ―

バニラアイスクリーム ····· 適量 — P172

モモのコンポート ····· 1個 — P185

フランボワーズのソース ····· 適量 — P186

アーモンドスライス ····· 適量

フランボワーズ ····· 適量

粉糖 ····· 少々

― 組 立 て ―

1. グラスにバニラアイスクリームをこんもり盛り付ける。
2. モモのコンポートをのせ、フランボワーズのソースをかけ、
   アーモンドスライスを散らす。
3. グラスの周囲にフランボワーズを並べ、半分に粉糖をふり、
   もう半分の上にフランボワーズのソースをひとしずくずつた
   らす。

伝統菓子をデザートに

マルジョレーヌ

オリジナルの「ガトー・マルジョレーヌ」は
卵白を泡立てて作るサクッと軽い、薄いアーモンドの生地に
ヘーゼルナッツの入ったクレーム・シャンティと
ガナッシュをはさんだケーキだ。
クレーム・シャンティをバニラ、
ガナッシュをチョコレートのアイスクリームに代え、
ヘーゼルナッツパウダーとメレンゲでできたパリパリ生地は
大きく焼いて見た目のインパクトを狙う。
キャラメルをまとった香ばしいヘーゼルナッツもプラス。
長く愛され続ける味の組み合わせに納得するはず。

― 材料 ―
バニラアイスクリーム……大さじ4〜5　P172
ショコラアイスクリーム……大さじ4〜5　P172
シュクセノワゼット……1個　P180
ヘーゼルナッツのキャラメリゼ……少々　P188
カカオパウダー、粉糖……各少々

― 組立て ―
1. シュクセノワゼットはカーブをつけた、長い板状に焼いて、乾燥剤とともに密閉容器に保存しておく。
2. グラスに2種類のアイスクリームをパレットナイフなどで、ラフに盛り付ける。
3. 1とヘーゼルナッツのキャラメリゼを飾り、カカオパウダーと粉糖をふる。

Point

シュクセノワゼット生地は、オーブンシートにパレットナイフで細長く（約6cm×15cm）に伸ばして焼成する。焼き上がったら、温かいうちにトヨ型の内側の沿わせ、カーブをつける。

伝統菓子をデザートに

オムレット・ノルベジェンヌ・スリーズ

アイスクリームケーキをメレンゲで覆い、
目の前で酒を注いで点火。青い炎に包まれた冷たいデザートは、
「ベークド・アラスカ」、
またはフランスでは"ノルウェイ風オムレツ"と呼ばれる。
チェリーのソルベ、チェリーの酒の大人っぽい味が
バニラの風味でまろやかになる。

— 材 料 —
バニラアイスクリーム ····· 適量 　P172
チェリーのソルベ ····· 適量 　P178
ジェノワーズ（厚さ5mmにスライスし、直径7cmの円形に抜いたもの）····· 2枚　 P179
イタリアンメレンゲ・チュリー ····· 適量 　P187
チェリーのコンフィチュール ····· 適量 　P183
アメリカンチェリー ····· 適量
キルシュ酒 ····· 小さじ1

— 組 立 て —
1. バニラアイスクリームとチェリーのコンフィチュールをざっくり
　 混ぜ合わせる。
2. 半球型の底面にジェノワーズ1枚を敷き、1を入れ、中心に
　 チェリーのソルベを置き、その周りを1で覆う。もう1枚のジェ
　 ノワーズでしっかり蓋をし、冷凍庫で冷やし固める。
3. 2の底面にフォークを刺し、イタリアンメレンゲ・チェリーに
　 どっぷりつけ、ゆっくりと引き上げて、先端が尖るようにする。
4. グラスに1を敷き、3を置き、チェリーのコンフィチュールとア
　 メリカンチェリーをあしらう。
5. 食べるときに、キルシュ酒を全体にかけ、火をつけてアル
　 コールを飛ばす。

伝統菓子をデザートに

イルフロッタント・キャラメル

卵にちょっと工夫を施して作る、
フランスでおなじみのカジュアルデザート。
ゆでたメレンゲを、卵のソース、クレーム・アングレーズに浮かべた
"浮島"がこの名前の日本語の意味だ。
甘くクリーミーな卵菓子に、
塩の利いたほろ苦いキャラメルアイスクリームをプラス。

— 材料 —

塩キャラメルアイスクリーム……1スクープ P173
クレーム・アングレーズ……大さじ2 P187
ウフアラネージュ……1個 P183
キャラメルソース……適量 P186
アーモンドスライス……適量

— 組立て —

1. グラスにウフアラネージュを置く。
2. 濃いめのクレーム・アングレーズをかけて、クネル状にした塩キャラメルアイスクリームをのせる。
3. キャラメルソースをかけ、アーモンドスライスを散らす。

Point

ウフアラネージュはフランス語で"雪の卵"という意味。通常はメレンゲをゆでるのだが、スチームコンベクションオーブンがあれば、型崩れを心配することなく、さまざまな型で好みの形にできる。

伝統菓子をデザートに

プロフィットロール

チョコレートソースのかかったプチシューのデザートは、
フランスでも、イタリアでも、アメリカでも、
世界中多くの国で見られる。
どの国にもなじむユニバーサルな魅力の理由は
シュークリームとチョコレートという
単純かつ最高の組み合わせでできているからだろう。
シューの中身やかけるソースでバリエーションもつけやすい、
アイスクリームを詰めたシューも、
きっと多くの人を魅了するはず。

— 材料 —
ショコラアイスクリーム ⋯⋯ 適量　P172
パータシュー ⋯⋯ 適量　P181
サブレ生地 ⋯⋯ 適量　P179
グラサージュ ⋯⋯ 適量
クランチ ⋯⋯ 大さじ1　P188
チョコレート ⋯⋯ 適量

— 組立て —
1. パータシューを天板に直径3cmに8個絞り、上にサブレ生地をのせて焼く。
2. 冷めた1の裏に穴をあけ、ショコラアイスクリームを絞り、表面にグラサージュをつける。
3. グラスにショコラアイスクリームを大さじ3ほど入れ、クランチを置き、2を1段目に4個、2段目に3個、1番上に1個重ねる。
4. 溶かしたチョコレートを冷やした鉄板に線状に散らし、セルクルなどに巻きつけて、輪に形作る。3にのせる。

Point

アイスクリームを絞るときは、冷凍庫から取り出し室温で少し柔らかくしてから、絞り袋に詰める。直径3cmほどのプチシューに絞るときは、直径5mmくらいの丸口金を付けた絞り袋で、シューの裏側に穴をあけ、アイスクリームが外側に少しはみ出るまで絞る。

伝統菓子をデザートに

ビュンヌ・リヨネーズ

山内さんが修業したフランス・リヨンでは、
毎年2月の謝肉祭の時期になると、
クッキー生地を油で揚げた「ビュンヌ」という菓子が
街のあちらこちらで売られていたという。
ちょうどその頃になると、フレーズデボワの旬が始まる。
春の訪れを予感させるお祭りの菓子とフルーツを
ひとつのグラスで表現。

― 材料 ―
バニラアイスクリーム……大さじ3　P172
ビュンヌ……1個　P182
フレーズデボワのコンフィチュール……適量　P183
フレーズデボワ……適量
粉糖……少々

― 組立て ―
1. ビュンヌはパイカッターで細長く切り、揚げる。冷めたら粉糖をふる。
2. バニラアイスクリームとフレーズデボワのコンフィチュール大さじ1をざっくり混ぜ合わせる。
3. 2とフレーズデボワをグラスの中に重ね、1を飾り、隙間にフレーズデボワのコンフィチュールをたらす。

Point

バニラアイスクリームとフレーズデボワのコンフィチュールは3：1の割合で混ぜ合わせる。アイスクリームは冷凍庫から室温におき、柔らかくすると混ぜやすい。しっかりではなく、ざっくり。コンフィチュールの果肉感を残る程度にするのがポイントだ。

伝統菓子をデザートに

フォレノア

"黒い森"を意味する伝統菓子は、チョコレートのスポンジに
クレーム・シャンティとチェリーをはさんだケーキだ。
チェリーのショートケーキのように聞こえるが、
サクランボの酒、キルシュ酒がしっかり利いている。
フランスでもおなじみだが、実はドイツ生まれ。
ドイツでは「シュヴァルツヴェルダー・キルシュトルテ」と呼ばれ、
隣国のオーストリアやスイスでも親しまれている。
このグラス・スイーツでは細長いガラス容器を用い、
スタイリッシュに仕上げた。

― 材 料 ―

ショコラアイスクリーム ····· 大さじ 2 ～ 3　P172
チョコチップアイスクリーム ····· 大さじ 2 ～ 3　P175
ジェノワーズ・ショコラ (2cmの角切り) ····· 1 個　P179
キルシュシロップ ····· 適量　P189
チェリーのコンフィチュール ····· 大さじ 1　P183
アメリカンチェリー ····· 適量
チョコレートコポー ····· 適量
粉糖 ····· 少々

― 組 立 て ―

1. ジェノワーズ・ショコラはキルシュシロップに染み込ませる。
2. グラスの底に軸を取ったアメリカンチェリーを入れる。
3. ショコラアイスクリームを絞り袋に詰め、2 の上に絞る。
4. 1、チェリーのコンフィチュールを順に重ね、チョコチップアイ
   スクリームを絞る。
5. アメリカンチェリーとチョコレートコポーを飾って、粉糖をふ
   る。

伝統菓子をデザートに

アプフェルシュトゥルーデル

リンゴにシナモンを利かせたお菓子は世界中にある。
アプフェル（リンゴ）を薄いパイ生地のシュトゥルーデルに包んだ、
オーストリア版のアップルパイ。
パイ皿で焼くのではなく、生地にフィリングを巻いて焼いた、
ラフな形も特徴だ。
この菓子を、リング状のパイにフィリングを置くという
斬新なアイディアで再構築。

― 材料 ―
シナモンバニラアイスクリーム ‥‥‥ 大さじ3　P172
フィユタージュ・ラピッド ‥‥‥ 適量　P179
リンゴ（グラニースミス）‥‥‥ 1個
ラムレーズン ‥‥‥ 適量
バター、レモン、砂糖、シナモン ‥‥‥ 各少々

― 組立て ―
1. フィユタージュ・ラピッドを約3cm幅に切り、直径12cmのセルクルに巻きつけて、焼いておく。
2. リンゴ1/2個は皮をむき、1cmの角切りにして、バター、レモン、砂糖で水分が飛んで、シャキシャキ感が残る程度にソテーする。
3. リンゴのもう半分は皮をつけたまま芯を取り1/2にし、厚さ2mmにスライスし、一方の端を持ち、もう一方を扇状にずらす。
4. シナモンバニラアイスクリームに適量の2、ラムレーズンをざっくり混ぜる。
5. グラスに1を立て、パイの上に4を置き、3を飾る。

Point

サクサクのパイはアイスクリームの冷たさをやわらげ、食感のアクセントにもなる。棒状にしたり、ハート型に抜いたりしてトッピングするのもいいが、大きいリング状に焼くと、今回のようにドラマチックなデザート仕立てになる。

伝統菓子をデザートに

カーディナルシュニッテン

ウィーン菓子を代表するひとつ。
カーディナルとはカトリック教会の最高顧問・枢機卿のこと。
その法衣にちなんだと言われ、
黄色いスポンジと白い卵白を縞にしたケーキに
コーヒー風味のクリームをはさむ。
グラス・スイーツではクリームをアイスクリームに置き換え、
生地のデザインもモダンにアレンジ。
独特な弾力のある生地はアイスクリームと同様に、
口溶けのいい仕上がりを心掛けた。

— 材料 —
カフェアイスクリーム……適量　P175
カーディナルシュニッテン……2個　P183
コーヒービーンズチョコレート……1個

— 組立て —
1. グラスに焼き上げたカーディナルシュニッテンを敷き、星口金を付けた絞り袋にカフェアイスクリームを詰め、生地の内側に花形に絞る。
2. もうひとつのカーディナルシュニッテンを重ね、上にコーヒービーンズチョコレートを飾る。

Point

カーディナルシュニッテンは、メレンゲとスポンジ生地交互に絞って焼いた、縞模様のケーキだが、山内シェフは法衣ではなく、枢機卿のかぶる帽子をデザイン。スポンジ生地を円形に絞り、メレンゲを滴のように絞って焼き上げた。

伝統菓子をデザートに

モア・イム・ヘムト

"ワイシャツを着たムーア人"という意味を持つ、
オーストリアのデザート菓子は、
チョコレートケーキにチョコレートソース、生クリームを添えたもの。
生クリームの代わりは、
同じく黒と白からなるチョコチップアイスクリームだ。
美しくクネルにしたアイスクリーム、彩りに添えたピスタチオで
洗練されたデザートに変身した。

― 材料 ―

ミルクアイスクリーム……適量　P175
モア・イム・ヘムト（直径7cmのミニクグロフ型）……2個　P182
チョコレートソース……適量
ピスタチオ・アッシェ……適量

― 組立て ―

1. グラスにモア・イム・ヘムトを盛り付ける。
2. ミルクアイスクリームを温めたスープスプーンでクネル状にし、1にのせる。
3. チョコレートソースをたらし、ピスタチオ・アッシェを散らす。

Point

「モア・イム・ヘムト」はクラシック・ショコラに似た、湯煎焼きのチョコレートケーキ。アーモンドパウダー入りなので、見た目ほどくどくはなく、チョコレートとともにアーモンドの風味が味わえる。本場でも、同様にミニクグロフ型で焼かれていることが多い。

伝統菓子をデザートに

シュトレン

ドライフルーツとナッツがぎっしりと詰まったシュトレンは、
毎日、薄くスライスしてクリスマスを楽しみに待つ
ドイツを代表するパン菓子だ。
このパンを添えるのはグリューワインのソルベ。
ヨーロッパのクリスマスマーケットで売られる、
スパイス入りのホットワインをソルベにしたものだ。
クリスマスを感じさせる一品。

── 材料 ──
グリューワインのソルベ ‥‥‥ 大さじ3　P178
ナッツとドライフルーツのラム酒漬け ‥‥‥ 小さじ1
シュトレン ‥‥‥ 2切れ

── 組立て ──
1. グリューワインのソルベにナッツとドライフルーツのラム酒漬けをざっくりと混ぜ、グラスにスプーンでラフに盛り付け、シュトレンを添える。

Point

「ベルグの4月」のシュトレンは、「ヌッス(ナッツ)・シュトレン」という、ナッツが主体のものだ。だから添えるソルベに加えたのはドライフルーツ。レーズン、クランベリー、オレンジピール、レモンピール、ドライリンゴ、ドライパイナップルなどを細かく刻んで、ラム酒に2カ月以上に漬け込んだものだ。さまざまなフルーツの香りが、スパイス入りの赤ワインのソルベとよくマッチする。

伝統菓子をデザートに

スフォリアテッラ・トリコローレ

イタリアの国旗に使われているトリコローレの3色、
緑、白、赤をアイスクリームで表現。
スフォリアテッラはナポリの修道院が発祥と言われる、
薄いパイが幾重にも層になった貝殻型の菓子だ。
ナポリといえば、ブリオッシュにアイスクリームをはさんだ
「ブリオッシュ・コン・ジェラート」も有名で、
イタリアの2つの人気菓子を1つにしたようなデザートができた。

— 材料 —
リコッタアイスクリーム……大さじ2〜3 P177
ピスタチオアイスクリーム……大さじ2〜3 P173
フランボワーズのソルベ……大さじ2〜3 P178
スフォリアテッラ……2個 P181
ジェノワーズ……1片 P179

— 組立て —
1. グラスにスフォリアテッラを1つ置き、中にジェノワーズを敷く。
2. ピスタチオアイスクリーム、リコッタアイスクリーム、フランボワーズのソルベの順にスプーンで盛り付ける。
3. もうひとつのスフォリアテッラをかぶせる。

Point

こんな細かい層のパイ生地、いったいどうやって作るのだろう？と思ってしまうだろう。実は折り込むのではなく、ごく薄く伸ばした生地にラードを塗り、くるくると巻き上げて、輪切りにする。円形の生地を薄く伸ばし、半球型の器などにかぶせて、帽子のように焼き上げる。

伝統菓子をデザートに

ヴィクトリアスポンジケーキ

英国のティータイムに欠かせないケーキのひとつで、定番中の定番。
ヴィクトリアスポンジケーキはその名の通り、
ヴィクトリア女王がお好きだったというケーキだ。
パウンドケーキ同様のややどっしりとした生地を丸型で焼き、
通常ラズベリージャムをはさんだだけのケーキは、
そのシンプルさゆえ飽きのこない味わい。
グラス・スイーツではさっぱりしたミルクアイスクリームを使い、
トップに"ロザス"に絞って可愛らしい仕上げに。

― 材料 ―
ミルクアイスクリーム ……適量　P175
ヴィクトリアスポンジケーキ（直径5cmの円形）……2枚　P179
フランボワーズのコンフィチュール ……適量　P183
フランボワーズ ……4個
粉糖 ……少々

― 組立て ―
1. ヴィクトリアスポンジケーキ1枚にフランボワーズのコンフィチュールを薄く塗り、グラスに置いてフランボワーズ3個を等間隔で並べる。
2. 丸口金を付けた絞り袋にミルクアイスクリームを詰め、フランボワーズの間に絞る。
3. もう1枚のヴィクトリアスポンジケーキを2にのせ、星口金を付けた絞り袋にミルクアイスクリームを詰め、上に絞り、フランボワーズをのせて粉糖をふる。

Point

ケーキでフルーツやクリームをはさむときは、フルーツを等間隔に置き、その間にクリームを垂直に立てるように絞っていくと、立体的なデザインとなり、同時に特にベリーのように形が可愛いものは引き立つ。トップに絞ったロザスは、星口金で小さな円を描くように絞り袋を動かす。

伝統菓子をデザートに

レザン

ラムレーズンとクリームをクッキーにはさんだ菓子は、
店によってクッキーの食感が
サクサクしていたり、しっとりしていたり、
レーズンのラム酒の利き具合が違ったりはするが、
日本の銘菓のひとつであることには違いない。
サブレクッキーを行儀よく重ねず、
さらにクリームの代わりにアイスクリームを使えば、
ノスタルジックとコンテンポラリーがうまく融合。

― 材料 ―
ミルクアイスクリーム……適量　P175
サブレ……適量　P179
ラムレーズン……適量
ラムスポイト……1個

― 組立て ―
1. ミルクアイスクリーム大さじ1〜2に砕いたサブレ、ラムレーズンを加えてざっくり混ぜ合わせ、グラスの底に敷く。
2. サブレにミルクアイスクリームを絞り、ラムレーズンを散らして、もう1枚のサブレではさみ、ラムスポイトとともに1に添える。

Point

レーズンサンドの作り方は次の通り。サブレ生地を3cm×15cmに焼く。片目口金を付けた絞り袋にミルクアイスクリーム詰め、サブレに絞る。1個につき、大さじ2〜3ほどのミルクアイスクリームが適当。

変化球あれこれ ▶ セイヴォリー

アスペルジュ

グラス・スイーツ名は、フランス語で"アスパラガス"のこと。
グラスを植木鉢に見立て、青々としたピスタチオの地面から、
アスパラガスがにょっきりのびたイメージ。
アスパラガスのピュレを使ったアイスクリームは
ほのかな苦味を帯びた春の味。
キリリとした酸味のフランボワーズがアクセントになる。

— 材料 —
アスパラガスアイスクリーム ….. 大さじ2　P175
フランボワーズのソルベ ….. 適量　P178
ピスタチオ・アッシェ ….. 適量
フランボワーズ ….. 3個
茹でたアスパラガス ….. 2本
緑の食用色粉を入れた飴 ….. 適量

— 組立て —
1. 茹でたアスパラガスを飴がけする。
2. グラスの底にフランボワーズを入れ、アスパラガスアイスクリーム大さじ3、フランボワーズのソルベ大さじ1をそれぞれ口金なしの絞り袋に詰めて、順に絞る。
3. ピスタチオ・アッシェで表面を覆う。1を添える。

Point

アスパラガスの飴がけは、砂糖を165℃まで煮詰めて、火からおろして緑の食用色粉を入れる。アスパラガスの穂先を飴に浸け、垂直に持ち上げ、穂先から糸をスーッと引く。飴が固まるまで、穂先を下にしたまま数分おく。

変化球あれこれ ▶ セイヴォリー

カプレーゼ

イタリア料理でも特に人気が高いカプレーゼは、
スライスしたトマトと、モッツァレラチーズを重ねたシンプルなサラダ。
コクのあるチーズ味のアイスクリームはそれだけでおいしいが、
バジル風味を加えると、途端にイタリアの風が吹く。
甘酸っぱいトマトのソルベが加わると、
コース料理のアペタイザーや口直しにもなりそうだ。

— 材料 —
モッツァレラアイスクリーム（球形にしたもの）……1個 P176
トマトのソルベ……大さじ1〜2 P178
バジルクランブル……適量 P183
ミニトマト……1個
バジルの葉……1枚
オリーブオイル……適量

— 組立て —
1. グラスにトマトのソルベをこんもり盛り付ける。
2. バジルの葉をのせ、その上にミニトマトとモッツァレラアイスクリームを並べる。
3. バジルクランブルを中心にのせ、アイスクリームの上にオリーブオイルをかける。

Point

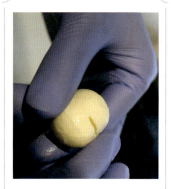

本物のモッツァレラチーズを模したアイスクリームは、直径3cmほどの半球型で固めたもの2つで作る。半球を2つ合わせて、境目を指先でこすって温めながら接着する。この方法で他のアイスクリーム、ソルベでコロコロの氷菓を作ってみるのも楽しい。

変化球あれこれ ▶ セイヴォリー

トリアエズ

説明は不要だろう。
アフターファイブでなくても楽しめる
ホロ苦のビールのソルベのお供は、
生の枝豆とアーモンドを練り込んだ塩味のクランブル。
麦の味が感じられるおいしいビールを選ぶと、
苦味と甘みのバランスがいいソルベになる。
塩を1粒、2粒加えると、
塩味も加わって旨みがさらに引き立つ。

Point

クランブルをよく見ると、ところどころに緑が見える。枝豆の風味も食感も残ったクランブルは上等なスナックのよう。生地ができ上がったら、粗めの網に通し、まとめ、型に押し込んで平らにならし、適当な大きさ（ひと口大の長方形）にカットして使用。通常の不揃いなそぼろ状ではなく、粒の大きさ、形を揃えた。

─ 材料 ─

ビールのソルベ……適量　P178
枝豆クランブル……1個　P183
枝豆……3粒
カマルグの塩（海塩）……少々
エディブルフラワー……少々

─ 組立て ─

1. グラスに枝豆クランブルを敷き、スプーンでクネル状にしたビールのソルベを置く。
2. 1の上に枝豆をのせ、その上にカマルグの塩をあしらう。エディブルフラワーを散らす。

変化球あれこれ ▶ セイヴォリー

ブラッディメアリー

甘酸っぱいトマトのソルベにウォッカを注いで、
ソルベを崩しながら食べるカクテル。
みぞれ状にソルベが溶け、キンキンに冷えたところを飲んでもいい。
さっぱりとして、デザートにも、
料理の途中の口直しにもふさわしい。
お酒が苦手なら、ウォッカなしのバージンメアリーで。

― 材 料 ―
トマトのソルベ……適量　P178
ホワイトセロリ（葉先）……2本
黒胡椒、塩…各少々
クラッシュアイス……適量
ウォッカ……適量

― 組 立 て ―
1. グラスの縁に水をつけ、塩を広げたところに押し付け、縁に塩を付ける。
2. シリコン製の半球型や小型のディッシャーなどを使って、トマトのソルベを丸く抜く。
3. 2を5個とクラッシュアイスをグラスに入れ、ウォッカを注ぐ。
4. ホワイトセロリを飾り、黒胡椒をソルベの上にあしらう。

Point

ブラッディメアリーをはじめ、ソルティ・ドッグ、マルガリータなどのカクテルは、グラスに塩をまぶした「スノースタイル」が一般的だ。グラスの縁をレモンやライム、水などで濡らし、塩を入れたボウルに押し付け、まんべんなく付ける。

変化球あれこれ ▶ セイヴォリー

カキ・ボッタルガ

ウイットに富んだカラスミそっくりデザート。
カラスミに見立てたのは、
うっすらオレンジ色の柿のソルベ。
ゴム手袋を上手に使って、形を作る。
カラスミを使ったデザートを作ってみたいと思った山内シェフは、
フルーツのなかでも甘み、香りが控えめな柿を
合わせる素材に選んだ。
「もたっとした味が、ネチッとして塩味の強いカラスミによく合う」。
お酒のおともにしてもいい。とりわけ日本酒に合いそうだ。

― 材料 ―
柿のソルベ（カラスミ型）……2本　P178
カラスミ（薄くスライス）……5枚
食用菊の花びら……5枚

― 組立て ―
1. 器に柿のソルベを盛り付け、カラスミと食用菊の花びらをあしらう。

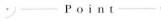

調理用のゴム手袋の指の部分に、柿のソルベを詰めてカラスミのような形に整え、根元を縛って切る。固め直して、中身を取り出せば完成。

変化球あれこれ ▶ セイヴォリー

泪

このグラス・スイーツで使っている里芋ワサビアイスクリームは、
実は里芋の味は淡い。
だが、この独特の舌触りは里芋なくしては生まれない。
里芋が生み出すねっとりとしたアイスクリームが、
ワサビの青々しさと、辛みをしっかりと受け止める。
生のワサビの辛みは強いが、そのぶん香りも強い。
まろやかなアイスクリームと思った次の瞬間、目に泪。

─ 材料 ─
里芋ワサビアイスクリーム ⋯⋯ 大さじ2 　P177
刻みワサビ、ワサビの葉 ⋯⋯ 各少々

─ 組立て ─
1. グラスに里芋ワサビアイスクリームを盛り付け、刻み
　ワサビをあしらい、ワサビの葉を添える。

Point

里芋ワサビアイスクリームは、牛乳と里芋を合わせ、そこにおろしたてのワサビをたっぷり加えて作る。ほんのりと若草色になったアイスクリームは、ツーンとしたシャープなワサビの香りはない。ひと口食べると、ミルキーな味わいの後に、じわじわと辛みがやってくる。

変化球あれこれ ▶ 和フレイヴァー

桜咲く

関東と関西の桜餅が違うのをご存知だろうか。
関東ではあんを覆うのは
小麦粉や白玉粉でできたクレープのような生地。
このデザートは、蒸した道明寺粉であんを包む関西風をアレンジ。
アイスクリームには道明寺粉、
デコレーションにはタピオカを入れ、
桜の葉の塩漬けの風味だけでなく、餅の食感も再現した。

― 材 料 ―
ミルク桜アイスクリーム ⋯⋯ 適量　P175
バニラ道明寺アイスクリーム ⋯⋯ 適量　P172
サクラあん ⋯⋯ 適量
タピオカ（ゆでる）⋯⋯ 大さじ2
サクラの葉の塩漬け ⋯⋯ 2枚
サクラの飾り ⋯⋯ 2個

― 組 立 て ―
1. グラスの底にタピオカ大さじ1を入れる。
2. バニラ道明寺アイスクリームを重ね、薄い円形にしたサクラあんも重ねる。
3. 塩抜きしたサクラの葉をグラスの側面に貼り付ける。
4. 星口金を付けた絞り袋にミルク桜アイスクリームを詰め、うず高く絞る。
5. 残りのタピオカを散らし、サクラの飾りを添える。

Point

和菓子に使う道明寺粉は、もち米を蒸してから乾燥させ、粗く挽いたものだ。道明寺粉と食用色粉（赤）を合わせ、水をよく吸わせてから蒸す。約15分経ったら、火からおろして砂糖を加える。もちもちの生地をバニラアイスクリームにざっくり混ぜると、ところどころにもっちり食感が現れ、新鮮だ。

変化球あれこれ ▶ 和フレイヴァー

うぐいす

「うぐいすの鳴く頃に食べてほしい」と、
山内さんが春に思いを馳せた一品。
イチゴのソルベを包んだのは餅ではなく、
もっちりの中にも歯切れのよさがある生麩だ。
豆乳アイスクリームのやさしい味は、
生麩のよもぎ風味や黒豆とも相性がよい。
イチゴ大福、豆大福、麩まんじゅう、
和菓子を連想させる食感と甘みを楽しみたい。

― 材料 ―
イチゴのソルベ……大さじ1　P178
豆乳アイスクリーム……大さじ3　P175
生麩……適量　P188
イチゴ（縦半割り）、黒豆、金箔……各適量

― 組立て ―
1. グラスの底の側面にぐるりとイチゴを貼り付け、丸口金を付けた絞り袋に詰めた豆乳アイスクリームを絞る。
2. 1の上に黒豆を敷き詰める。
3. 丸めた生麩の中心をへこませ、イチゴのソルベを詰め包む。2にのせる。金箔をあしらう。

― Point ―

生麩は、時間はかかるが手作りできる。グルテンの多い強力粉に水を加えて団子にし、ガーゼにくるんで、水の中でもむと、白いデンプン質が溶けていく。残ったグルテンを茹でると麩ができあがる。

変化球あれこれ ▶ 和フレイヴァー

木曽川

グラスの上に造られた箱庭といった風情。
ピスタチオ・アッシェの草に覆われた土手の下には、
葛きり風ゼリーの清流が光っている。
故郷・愛知県に流れる木曽川を、
和菓子も大好きだという山内さんが
あんこ、葛きり、黒蜜、そしてアイスクリームで表現した。

― 材料 ―

抹茶アイスクリーム ⋯⋯ 大さじ4　P174
バニラアイスクリーム ⋯⋯ 大さじ3　P172
粒あん ⋯⋯ 大さじ3
玄米シュトロイゼル（2cm角）⋯⋯ 適量　P183
葛きり ⋯⋯ 適量　P189
黒蜜 ⋯⋯ 適量
ピスタチオ・アッシェ ⋯⋯ 適量

― 組立て ―

1. バニラアイスクリームに粒あん大さじ1をざっくり混ぜる。抹茶アイスクリームは丸口金を付けた絞り袋に詰める。
2. グラスの底に粒あん大さじ2を敷き、その上に玄米シュトロイゼルを敷き詰める。
3. 抹茶アイスクリームを絞り、1の粒あんのバニラアイスクリームを重ねる。
4. ピスタチオ・アッシェで表面を覆い、表面積の半分はグラスの縁いっぱいまで盛る。
5. へこんだ半分の表面を平らにならし、葛きり、玄米シュトロイゼル、黒蜜を飾る。

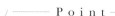

葛きりは本来、葛粉を溶かして型に入れて蒸し上げ、平べったい麺のように切ったものだが、ここで使うのはアガーを使った簡単バージョンだ。

変化球あれこれ ▶ 和フレイヴァー

Amane-D

日本酒のアイスクリームを作りたかったが、
アルコールはアイスクリームにしにくい上、
ほのかな香りはほかの素材と合わせると褪せてしまう。
そこでアルコール分のない、香りも強い甘酒に着目。
麹のクセの香りをやわらげるために、
爽やかな香りのアーモンドミルクを合わせて
アイスクリームにした。

― 材料 ―
甘酒アーモンドミルクアイスクリーム ‥‥‥ 大さじ3〜4 P176
ドライジンジャー ‥‥‥ 適量
ジンジャーシロップ ‥‥‥ 適量 P189
ポン菓子（トッピング用）‥‥‥ 適量 P188

― 組立て ―
1. ドライジンジャーを細かく刻み、ジンジャーシロップに浸して戻す。
2. グラスの底に1を大さじ1入れ、甘酒アーモンドミルクアイスクリームをこんもり盛り付ける。
3. ポン菓子を飾る。

Point

あっさりとした甘酒のアイスクリームにメリハリをつけるショウガを合わせたが、食感を加える何かにはこれ。トッピング用にポン菓子をアレンジしたものだ。ポン菓子とドライショウガを、水飴、バター、水、塩を加熱して作った飴で固める。固まったら、適当な大きさ割り、乾燥剤とともに密閉容器に保存しておく。

変化球あれこれ ▶ 和フレイヴァー

おみた

串だんごと言えば、みたらしだんご。
「おみた」はみたらしだんごに親しみを込めた呼び名だ。
でも、このデザートはクリームぜんざいがアイディア源。
きなこ、あんこ、アイスクリームにひとひねりを加え、
弾力のあるアイスクリーム団子を作り上げた。

— 材料 —
バニラアイスクリーム（団子状）‥‥3個　P172
きなこアイスクリーム‥‥大さじ4　P175
ゆで小豆‥‥適量
ホワイトチョコレート‥‥適量
餅（コーティング用）‥‥適量　P189
きなこ‥‥適量

— 組立て —
1. 団子状に固めたバニラアイスクリームを溶かしたホワイトチョコレートでコーティングし、冷凍庫で固める。
2. きなこアイスクリームとゆで小豆大さじ1をざっくり混ぜ、グラスに入れる。
3. 1を串に刺し、餅で覆い、2にのせ、ゆで小豆、きなこをあしらう。

Point

半球型に固めたアイスクリーム2つを合わせて、団子状にし、まずホワイトチョコレートでコーティング。冷やし固めた後に、牛乳とともに電子レンジで柔らかくした餅をからめると、もちっ、パリッ、とろっ、と3つの食感が楽しめるアイスクリーム団子ができる。

変化球あれこれ ▶ 和フレイヴァー

尾州

こちらも山内さんの故郷の味がアイスクリームになっている。
名古屋名物・味噌煮込みうどんなどでおなじみの八丁味噌は、
軽い酸味と強い塩みがチョコレートと相性がいい。
でき上がったアイスクリームはかなりのインパクト。
強い味には強い味をぶつける。
合わせたのは苦味のある蕗とすっぱいスダチだ。

― 材料 ―
八丁味噌ショコラアイスクリーム ⋯⋯ 大さじ1 P172
スダチのソルベ ⋯⋯ 1個 P178
蕗のコンフィチュール ⋯⋯ 小さじ1～2 P184
アンゼリカ ⋯⋯ 適量 P186
スダチ(輪切り) ⋯⋯ 1枚
銀箔 ⋯⋯ 少々

― 組立て ―
1. グラスの底に蕗のコンフィチュールを入れ、八丁味噌ショコラアイスクリームを入れる。
2. スダチのソルベをクネル状にして重ね、アンゼリカ、蕗のコンフィチュール少々、スダチ、銀箔を添える。

Point

フルーツケーキなどに入るアンゼリカは、セイヨウトウキという植物で作られているが、手に入りにくい日本では蕗が使われることが多い。砂糖で煮て、乾燥させれば市販のものよりジューシーで柔らかい自家製アンゼリカが完成だ。蕗のコンフィチュールとともに、ほろ苦い味わいが魅力だ。

変化球あれこれ ▶ 和フレイヴァー

グジェール祖父江

山内さんの故郷、愛知県祖父江町は銀杏の生産地だ。
煎った銀杏の美味しさは知られているが、
グラス・スイーツにはなるだろうか？
苦味、えぐみのある独特の味をどうスイーツにするか。
思い浮かんだのはチーズとの組み合わせだった。
チーズ風味のシュー、グジェールを
発想の転換でシューを銀杏味に、
アイスクリームをチーズ味にしてみた。
お酒と食べたくなる、
クセになる味わいのデザートの完成だ。

― 材料 ―
エダムアイスクリーム ⋯⋯ 大さじ3～4 P177
銀杏グジェール ⋯⋯ 6個 P181
銀杏甘納豆 ⋯⋯ 3個
ピザ用ミックスチーズ ⋯⋯ 適量

― 組立て ―
1. チーズの飾りを作る。温めたフライパンにピザ用ミックスチーズを広げ、溶けてパリパリになるまで焼く。冷めたら、適当な大きさに割る。
2. グラスにエダムアイスクリームをこんもり盛り付け、銀杏甘納豆と銀杏グジェール、1を添える。

Point

このデザートは塩味、苦味を主体とした味わい。味に厚みをもたせるために、銀杏の甘納豆をトッピングして甘みをもう少し足す。甘納豆と言えば豆が一般的だが、銀杏でも美味しくできる。ジャリッとした砂糖の食感もアクセントになる。甘く煮た銀杏にグラニュー糖をまぶし乾かせば、みちっとした独特の食感、苦味、甘みが混在する複雑な素材になる。

変化球あれこれ ▶ 和フレイヴァー

蕎麦呑み

酒粕のアイスクリームと、
蕎麦の香りが立つアイスクリームとガレット、
冷酒の清涼感が味わえる日本酒のジュレをひとつのグラスで。
蕎麦屋で日本酒を楽しむ雰囲気がインスピレーションだ。
蕎麦より蕎麦の風味が感じられる
ソバ茶を使うのがポイントだ。

― 材料 ―
酒粕アイスクリーム‥‥‥ 大さじ1〜2　P176
ソバ茶アイスクリーム‥‥‥ 大さじ2　P175
ソバ粉のガレット‥‥‥ 適量　P182
日本酒のジュレ‥‥‥ 大さじ1　P185
ライスパフ、韃靼蕎麦茶‥‥‥ 各適量
稲穂‥‥‥ 1本

― 組立て ―
1. グラスの底に酒粕アイスクリームを入れ、ライスパフを散らす。
2. グラスの口にソバ粉のガレットをのせ、ソバ茶アイスクリームをこんもり盛り付ける。
3. 日本酒のジュレを砕いてのせ、韃靼蕎麦茶を散らし、稲穂を添える。

Point

アイスクリームコーンのようなソバ粉のガレットは、器のような形を作る。円形に焼き上げたガレットは中心に向けて切り目を入れ、端と端を重ねて円錐形にし、熱いうちに丸めたアルミホイルにかぶせる。

変化球あれこれ ▶ かき氷

Kakigo-ri jaune

ソルベではなくかき氷。

南国の黄色い (jaune) フルーツのピュレやジュースを凍らせ、削る。

砂糖を加えると凍らないので、

甘さはココナッツアイスクリームで補う。

氷菓は香りを伝えにくいデザートだから、

ピンクペッパーで香りをプラス。

湿気の多い日本の夏をクールに過ごす、

トロピカルなシャリシャリデザートだ。

― 材 料 ―

かき氷のソルベ ….. 1 スクープ P178

ココナッツアイスクリーム ….. 1 スクープ P174

パッションペパンのジュレ ….. 適量 P185

メレンゲ 2：1（ロザスに絞り、ピンクペッパーをのせて焼く）….. 3 個 P183

― 組 立 て ―

1. グラスにココナッツアイスクリームを盛り付ける。

2. かき氷のソルベを削って、丸く形作り、1 の上にのせる。

3. パッションペパンのジュレを 2 にかけ、メレンゲ 2：1 をあしらう。

変化球あれこれ ▶ フローズンカクテル

スプリッツァー

ドイツ語で"はじける"の意味を持つ、白ワインのソーダ割りは
オーストリア発祥のカクテルとされている。
アルコール度の低いカクテルなので、
特にその清涼感は夏にぴったり。
グラス・スイーツでは白ワインをソルベにして使用。
炭酸水に溶けていく白ワインのソルベは、
猛暑すら忘れさせてくれるだろう。

— 材料 —
白ワインのソルベ……大さじ2〜3　P178
炭酸水……適量
ライム（くし切り）……1個

— 組立て —
1. グラスに白ワインのソルベを盛り付ける。
2. 炭酸水を注ぎ、ライムを添える。

Point

白ワインのソルベに使った、小粒のデラウェアは甘みと酸味のバランスのいいブドウだ。白ワインだけでは足りないブドウの風味を補うために、皮から取り出し、一緒にソルベマシンにかける。

レシピ （グラス・スイーツの構成パーツ）

アイスクリーム

[バニラアイスクリーム
およびイチジクバニラアイスクリーム／ハチミツア
イスクリーム／シナモンバニラアイスクリーム／玄
米茶アイスクリーム／バニラ道明寺アイスクリー
ム]

<材料>

A	牛乳	277g	B	加糖卵黄	160g
	脱脂濃縮乳	277g		グラニュー糖	83g
	トレハロース	39g			
	水飴	50g			
	バニラペースト*	3g			

生クリーム(35%) 111g

<作り方>
1. アパレイユを作る。鍋にAを入れて火にかけ、80℃まで温める。
2. 別のボウルにBを混ぜ、1の少量を加えて混ぜる。
3. 2を1に戻し、再度火にかけ83℃になったら火からおろし、シノワで漉す。
4. 粗熱がとれたら生クリームを加える。
5. 冷蔵庫で24時間寝かせる。
6. アイスクリームマシンにかける。

*バニラビーンズ（さやごと）とトリモリン1：1をフードプロセッサーでペースト状にする。
※イチジクバニラアイスクリームは、6の後に軽く刻んだイチジク300g、グラニュー糖90g、シナモン適量を好みの糖度で煮たコンフィチュールを混ぜる。
※ハチミツアイスクリームは、1のアパレイユにハチミツ83gを加える。
※シナモンバニラアイスクリームは、1のアパレイユにシナモ

ンスティック1本を1日浸しておいた牛乳を使う。
※玄米茶アイスクリームは、1のアパレイユに玄米茶30gを1日浸しておいた牛乳を使う。
※バニラ道明寺アイスクリームは、道明寺粉100g、水150g、食用色素（赤）適宜を耐熱ボウルに入れて混ぜ、15分蒸し、グラニュー糖20gを混ぜ合わせ、3を漉し入れる。

[ショコラアイスクリーム
および八丁味噌ショコラアイスクリーム／ショコラ
ノワール黒胡椒アイスクリーム／ショコラオレ山椒
アイスクリーム／ショコラオレ黒七味アイスクリー
ム／ショコラブラン・トンカアイスクリーム]

<材料>

A	牛乳	258g	B	加糖卵黄	77g
	脱脂濃縮乳	258g		グラニュー糖	64g
	トレハロース	39g			
	水飴	46g			
	バニラペースト	3g			

チョコレート(p-125) 155g
生クリーム(35%) 103g

<作り方>
1. 鍋にAを入れ80℃まで温める。
2. 別のボウルでBを混ぜ、1の少量を加えて混ぜる。
3. 2を1に戻し、再度火にかけ83℃になったら火をからおろし、チョコレートを入れたボウルへシノワで漉し入れる。
4. 3を乳化させ、生クリームを加える。
5. 冷蔵庫で24時間寝かせる。
6. アイスクリームマシンにかける。

※八丁味噌ショコラアイスクリームは、Aに八丁味噌100gを加える。
※ショコラノワール黒胡椒アイスクリームは、Aのバニラペーストを粗く砕いた黒胡椒5gに置き換える。

レシピ：アイスクリーム

※ショコラオレ山椒アイスクリームは、Aのバニラペーストを
　山椒5gに置き換え、チョコレート（p-125）をミルクチョコ
　レートに置き換える。
※ショコラオレ黒七味アイスクリームは、チョコレート（p-
　125）50gに減らし、ミルクチョコレート105gと黒七味2gを
　加える。
※ショコラブラン・トンカアイスクリームは、Aのバニラペース
　トを粗く砕いたトンカ豆2gに、チョコレート（p-125）をホワ
　イトチョコレートに置き換える。

[プラリネアイスクリーム／プラリネノワゼットアイス
クリーム
およびプラリネクルミアイスクリーム]
<材料>

A	牛乳　262g	B	加糖卵黄　152g
	脱脂濃縮乳　262g		グラニュー糖　79g
	トレハロース　37g		
	水飴　47g		

生クリーム（35%）　105g
プラリネアマンド／プラリネノワゼット＊　53g

<作り方>
1. バニラアイスクリームの作り方1〜3を参照し、アパレイユ
　を作り、プラリネアマンド／プラリネノワゼットと合わせる。
2. 粗熱がとれたら生クリームを加える。
3. 冷蔵庫で24時間寝かせる。
4. アイスクリームマシンにかける。

＊プラリネアマンド／プラリネノワゼット／プラリネクルミは、
　ナッツ500gを180℃のオーブンで約15分、中がキツネ色
　になるまでローストする。鍋にグラニュー糖333gを入れて
　火にかけ、キャラメル状になったらローストしたナッツを加
　えてよくからめ、天板に広げる。固まったらロボクープに入
　れ、塩5gを加えてペースト状にする。
※プラリネクルミアイスクリームは、プラリネアマンド／プラリ
　ネノワゼットをプラリネクルミ60gに置き換える。

[ピスタチオアイスクリーム／マカダミアナッツアイ
スクリーム]
<材料>

A	牛乳　256g	B	加糖卵黄　148g
	脱脂濃縮乳　256g		グラニュー糖　76g
	トレハロース　36g		
	水飴　46g		
	バニラペースト　2g		

生クリーム（35%）　102g
ピスタチオペースト＊／プラリネマカダミアナッツ＊＊　78g

<作り方>
プラリネアイスクリームと同じ。

＊ピスタチオ1000gを180℃のオーブンで約3分ローストし、
　太白胡麻油とともにロボクープに入れてペースト状にする。
　太白胡麻油の量は、スプーンですくってたれるくらいの濃
　度になるよう調整する。
＊＊プラリネマカダミアナッツは、マカダミアナッツ500gを
　180℃のオーブンで約15分、中がキツネ色になるまで
　ローストする。鍋にグラニュー糖333gを入れて火にかけ、
　キャラメル状になったらローストしたマカダミアナッツを加
　えてよくからめ、天板に広げる。固まったらロボクープに入
　れ、塩5gを加えてペースト状にする。

[ピーナッツバターアイスクリーム]
<材料>

A	牛乳　358g	B	加糖卵黄　148g
	脱脂濃縮乳　256g		グラニュー糖　796
	トレハロース　36g		
	水飴　46g		
	バニラペースト　2g		

ピーナッツバター　78g

<作り方>
プラリネアイスクリームと同じ（作り方2は省略する）。

[キャラメルアイスクリーム／塩キャラメルアイス
クリーム
およびキャラメルクルミアイスクリーム／塩キャラメ
ル・マカダミアアイスクリーム]
<材料>

A	脱脂濃縮乳　272g	B	加糖卵黄　157g
	トレハロース　34g		グラニュー糖　24g
	水飴　49g		
	バニラペースト　2g		
	塩　1g（塩キャラメルアイスクリームの場合は3g）		

グラニュー糖（キャラメル用）　81g
牛乳　272g
生クリーム（35%）　108g

<作り方>
1. キャラメル用グラニュー糖を鍋で焦がし、火からおろして
　牛乳を少しずつ加える。
2. 1にAを入れ80℃まで温める。
3. 別のボウルでBを混ぜ、1の少量を加えて混ぜる。
4. 3を2に戻し、再度火にかけ83℃になったら火からおろし、
　シノワで漉す。
5. 粗熱がとれたら生クリームを加える。

6. 冷蔵庫で24時間寝かせる。

7. アイスクリームマシンにかける。

※キャラメルクルミアイスクリームは、4の後にクルミペースト
75gを加える。

※塩キャラメル・マカダミアアイスクリームは、7の後にマカダ
ミアナッツのローストを適量加える。

[キャラメルショコラアイスクリーム]
<材料>

A	脱脂濃縮乳 258g		B	加糖卵黄 77g
	トレハロース 39g			グラニュー糖 64g
	水飴 49g			

牛乳 258g
生クリーム（35%） 103g
チョコレート（p-125） 155g

<作り方>

1. Bのグラニュー糖を焦がし、キャラメルアイスクリームと同
様に作る。アパレイユを作り、4でチョコレートに加えて乳
化させ、生クリームを加える。

2. 冷蔵庫で24時間寝かせる。

3. アイスクリームマシンにかける。

[マロンアイスクリーム／カボチャアイスクリーム／
サツマイモアイスクリーム]
<材料>

A	牛乳 220g		B	加糖卵黄 127g
	脱脂濃縮乳 220g			グラニュー糖 66g
	トレハロース 30g			
	水飴 40g			
	バニラペースト 2g			

生クリーム（35%） 88g
マロンペースト／カボチャペースト／サツマイモペースト
205g
ラム酒 8g（マロンアイスクリームのみ）

<作り方>

1. バニラアイスクリームの作り方1〜3を参照して、アパレイ
ユを作る（マロンアイスクリームはこの後にラム酒を加え
る）。

2. 1をマロン／カボチャ／サツマイモペーストを入れたボウ
ルの中に漉し入れる。

3. 冷蔵庫で24時間寝かせる。

4. アイスクリームマシンにかける。

[抹茶アイスクリーム]
<材料>

A	牛乳 275g		B	加糖卵黄 160g
	脱脂濃縮乳 275g			グラニュー糖 74g
	トレハロース 35g			
	水飴 50g			
	バニラペースト 1g			

生クリーム（35%） 110g
抹茶 20g

<作り方>

1. アパレイユを作る。鍋にAを入れて火にかけ、80℃まで温
める。

2. 別のボウルにBを混ぜ、1の少量を加えて混ぜる。

3. 2を1に戻し、再度火にかけ83℃になったら火からおろし、
シノワで漉す。

4. 粗熱がとれたら生クリームを加え、抹茶を加える。

5. 冷蔵庫で24時間寝かせる。

6. アイスクリームマシンにかける。

[黒ゴマアイスクリーム／白ゴマアイスクリーム]
<材料>

A	牛乳 262g		B	加糖卵黄 152g
	脱脂濃縮乳 262g			グラニュー糖 79g
	トレハロース 37g			
	水飴 47g			
	バニラペースト 3g			

生クリーム（35%） 105g
黒ゴマ／白ゴマ 70g

<作り方>
バニラアイスクリームと同じ。ゴマは煎り、すり鉢でペースト状
にしてAに加え、アパレイユを作る。

[ココナッツアイスクリーム]
<材料>

A	牛乳 55g		B	加糖卵黄 110g
	ココナッツピュレ 552g			グラニュー糖 83g
	トレハロース 40g			
	水飴 50g			

生クリーム（35%） 110g

<作り方>
バニラアイスクリームと同じ。

[キヌアアイスクリーム]
<材料>

| A | 牛乳 200g | | B | 加糖卵黄 116g |

レシピ：アイスクリーム

脱脂濃縮乳　200g　　　　グラニュー糖　60
トレハロース　28g
水飴　36g
バニラペースト　3g

生クリーム（35%）　80g

―キヌア―
C　キヌア　40g
　　水　268g
　　塩　0.5g

牛乳　268g
グラニュー糖　27g

<作り方>
1. Cを鍋に入れ3分煮立たせ水気を切る。
2. 1と牛乳を鍋に入れ、好みの柔らかさまで煮て、最後にグラニュー糖を加え冷やしておく。
3. バニラアイスクリームの作り方1～3を参照してアパレイユを作り、2と合わせる。
4. 冷蔵庫で24時間寝かせる。
5. アイスクリームマシンにかける。

［きなこアイスクリーム］
<材料>
A　牛乳　300g　　　　B　加糖卵黄　100g
　　脱脂濃縮乳　300g　　　　グラニュー糖　83g
　　トレハロース　39g
　　水飴　50g
　　バニラペースト　1g

生クリーム（35%）　111g
きなこ　60g

<作り方>
1. バニラアイスクリームの作り方1～3を参照して、アパレイユを作る。
2. 粗熱がとれたら生クリームを加え、きなこを加えハンドブレンダーで混ぜる。
3. 冷蔵庫で24時間寝かせる。
4. アイスクリームマシンにかける。

［ビーツアイスクリーム］
<材料>
A　ビーツのピュレ　356g　　B　加糖卵黄　106g
　　牛乳　178g　　　　　　　ビーツ糖　71g
　　脱脂濃縮乳　178g
　　トレハロース　35g
　　水飴　30g
　　塩　1.2g

生クリーム（35%）　44g

<作り方>
バニラアイスクリームと同じ。

［ミルクアイスクリーム
およびチョコチップアイスクリーム／メープルクルミアイスクリーム／カフェアイスクリーム／ミントアイスクリーム／ソバ茶アイスクリーム／ミルク桜アイスクリーム／豆乳アイスクリーム／アスパラガスアイスクリーム］
<材料>
A　牛乳　330g
　　脱脂濃縮乳　330g
　　グラニュー糖　100g
　　トレハロース　45g
　　水飴　60g
　　バニラペースト　3g
　　安定剤　5g

生クリーム（35%）　132g

1. アパレイユを作る。鍋にAを入れて火にかけ、80℃まで温め、シノワで漉す。
2. 粗熱がとれたら生クリームを加える。
3. 冷蔵庫で24時間寝かせる。
4. アイスクリームマシンにかける。

※チョコチップアイスクリームは、4の後に溶かしたカカオマス適量にキルシュ酒少々を加えたものを細くたらしチップ状になるよう混ぜる。
※メープルクルミアイスクリームは、Aのグラニュー糖をメープルシロップに置き換え、4の後にローストしたクルミ150gを混ぜ合わせる。
※カフェアイスクリームは、1のアパレイユにインスタントコーヒー12gと『トラブリ』5gを加える。
※ミントアイスクリームは、1のアパレイユが熱いうちにミントの葉適量を加え、香りを移す。
※ソバ茶アイスクリームは、1のアパレイユに煎って香りを出したソバ茶100gを加え、ミキサーにかける。
※ミルク桜アイスクリームは、1のアパレイユに桜葉エッセンス適量を加え、3の後に桜リキュール適量を加える。
※豆乳アイスクリームは、Aの牛乳と脱脂濃縮乳を豆乳660gに置き換える。
※アスパラガスアイスクリームは、Aの脱脂濃縮乳をアスパラガスのピュレ330gに置き換える。

［アーモンドミルクアイスクリーム］
<材料>
A　アーモンドミルク　360g

175

脱脂濃縮乳　300g
グラニュー糖　70g
トレハロース　45g
水飴　60g
バニラペースト　3g
安定剤　5g

生クリーム（35%）　132g

<作り方>
ミルクアイスクリームと同じ。

［甘酒アーモンドミルクアイスクリーム］
<材料>
A　アーモンドミルク　360g
甘酒　360g
グラニュー糖　45g
トレハロース　45g
水飴　45g
バニラペースト　3g
安定剤　5g

生クリーム（35%）　132g

<作り方>
ミルクアイスクリームと同じ。

［杏仁ミルクアイスクリーム］
<材料>
A　牛乳　368g
脱脂濃縮乳　368g
グラニュー糖　53g
トレハロース　26g
水飴　33g
安定剤　6g
杏仁パウダー　73g

生クリーム（35%）　73g

<作り方>
ミルクアイスクリームと同じ。

［ヨーグルトアイスクリーム］
<材料>
A　牛乳　210g
脱脂濃縮乳　210g
グラニュー糖　66g
トレハロース　31g
水飴　40g
安定剤　5g

無糖ヨーグルト　450g

<作り方>
1. アパレイユを作る。鍋にAを入れて火にかけ、80℃まで温め、シノワで漉す。
2. 粗熱がとれたら、冷蔵庫で24時間寝かせる。
3. 2と無糖ヨーグルトを混ぜ、アイスクリームマシンにかける。

［酒粕アイスクリーム］
<材料>
A　牛乳　274g
脱脂濃縮乳　274g
グラニュー糖　83g
トレハロース　37g
水飴　50g
バニラペースト　2g
安定剤　2g

生クリーム（35%）　110g
酒粕　166g

<作り方>
1. アパレイユを作る。鍋にAを入れて火にかけ、80℃まで温め、シノワで漉し、酒粕を加える。
2. 粗熱がとれたら生クリームを加える。
3. 冷蔵庫で24時間寝かせる。
4. アイスクリームマシンにかける。

［プラリネルージュアイスクリーム］
<材料>
A　牛乳　330g
脱脂濃縮乳　330g
トレハロース　40g
水飴　40g
バニラペースト　3g
安定剤　5g

生クリーム（35%）　132g
プラリネアマンドルージュ　150g

<作り方>
1. アパレイユを作る。鍋にAを入れて火にかけ、80℃まで温め、砕いたプラリネアマンドルージュにシノワで漉し入れる。
2. 冷蔵庫で24時間寝かせる。
3. アイスクリームマシンにかける。

［モッツァレラアイスクリーム］
<材料>
A　牛乳　310g
脱脂濃縮乳　220g

レシピ：アイスクリーム

グラニュー糖　66g
トレハロース　31g
水飴　40g
安定剤　5g

モッツァレラチーズ（溶けるシュレッドタイプ）　333g

＜作り方＞
1. アパレイユを作る。鍋にAを入れて火にかけ、80℃まで温め、シノワで漉す。
2. ロボクープにモッツァレラチーズを入れ、1をシノワで漉し入れ、回す。
3. 冷蔵庫で24時間寝かせる。
4. アイスクリームマシンにかける。

［マスカルポーネアイスクリーム／リコッタアイスクリーム］
＜材料＞
A　牛乳　310g
　脱脂濃縮乳　220g
　グラニュー糖　66g
　トレハロース　31g
　水飴　40g
　安定剤　5g

マスカルポーネ／リコッタチーズ　333g

＜作り方＞
1. アパレイユを作る。鍋にAを入れて火にかけ、80℃まで温め、シノワで漉す。
2. 冷蔵庫で24時間寝かせる。
3. マスカルポーネ／リコッタチーズを混ぜ、アイスクリームマシンにかける。

［エダムアイスクリーム］
＜材料＞
A　牛乳　310g
　脱脂濃縮乳　330g
　グラニュー糖　220g
　トレハロース　31g
　水飴　40g
　安定剤　5g

エダムチーズ　100g
クリームチーズ　300g

＜作り方＞
1. アパレイユを作る。鍋にAを入れて火にかけ、80℃まで温め、シノワで漉す。
2. エダムチーズを溶かして加え、冷蔵庫で24時間寝かせる。
3. クリームチーズと2を合わせ、アイスクリームマシンにかける。

［アンジュアイスクリーム］
＜材料＞
A　牛乳　181g
　脱脂濃縮乳　135g
　グラニュー糖　72g
　トレハロース　36g
　水飴　36g
　安定剤　5g

フロマージュブラン　333g

―イタリアンメレンゲ―
B　グラニュー糖　125g
　トレハロース　125g
　水　56g

C　卵白　167g
　トレハロース　17g

＜作り方＞
1. ミルクアイスクリームの作り方1を参照してアパレイユを作り、24時間寝かせる。
2. アパレイユとフロマージュブランを混ぜる。
3. アイスクリームマシンにかける。
4. イタリアンメレンゲを作る。Cを固く泡立て、117℃まで煮詰めたBを加えながらさらに泡立てる。
5. 3と4を軽く混ぜ合わせる。

［里芋ワサビアイスクリーム］
＜材料＞
A　牛乳　274g
　脱脂濃縮乳　274g
　グラニュー糖　83g
　トレハロース　37g
　水飴　50g
　バニラペースト　2g
　安定剤　2g

生クリーム（35%）　110g
里芋　200g
ワサビ（すりおろす）　1本

＜作り方＞
1. 里芋の皮を剥き、浸るくらいの水とひとつまみの塩（分量外）で柔らかくなるまで煮る。
2. アパレイユを作る。鍋にAを入れて火にかけ、80℃まで温め、シノワで漉す。
3. 2に1を加え、ロボクープで液状にする。
4. 冷蔵庫で24時間寝かせる。
5. ワサビを混ぜ合わせ、アイスクリームマシンにかける。

ソルベ

[フランボワーズのソルベ／バナナのソルベ／イチ
ゴのソルベ／白桃のソルベ／赤桃のソルベ／シャ
インマスカットのソルベ／チェリーのソルベ／グ
レープフルーツのソルベ／オレンジのソルベ／ミ
カンのソルベ／アンズのソルベ／柿のソルベ／カ
シスのソルベ／グロゼイユのソルベ／スイカのソ
ルベ／ライチのソルベ／金柑のソルベ／ザクロの
ソルベ／マンゴーのソルベ
およびリンゴのソルベ／フランボワーズローズのソ
ルベ／トマトのソルベ]

<材料>

A　グラニュー糖　112g　　　B　水　211g
　　トレハロース　21g　　　　　水飴　54g
　　安定剤　4g

各果物のピュレ　602g

<作り方>
1. Aを混ぜ合わせる。
2. 鍋に1とBを入れて沸騰させる。
3. 冷蔵庫で24時間寝かせ、ピュレを加え混ぜる。
4. ソルベマシンにかける。
5. 糖度33ブリックスに調整する。

※リンゴのソルベは、シナモン1gを加える。
※フランボワーズローズのソルベは、果物のピュレをフランボ
　ワーズのピュレ602g、ローズエッセンス4g、ローズシロップ
　30gに置き換える。
※トマトのソルベは、グラニュー糖は66g、トレハロースは66g
　にし、果物のピュレはトマトのピュレ603gに置き換える。

[レモンのソルベ／スダチのソルベ]
<材料>

A　グラニュー糖　201g　　　B　水　490g
　　トレハロース　47g　　　　　水飴　88g
　　安定剤　5.3g

レモンの搾り汁　168g

<作り方>
フランボワーズのソルベなどと同じ。
※スダチのソルベは、トレハロースは21g、水は211gにし、レ
　モンの搾り汁はスダチの搾り汁に置き換える。

[ビールのソルベ]
<材料>

A　グラニュー糖　95g　　B　水　250g
　　トレハロース　95g　　　　ビール（サッポロ黒ラベル）500g
　　安定剤　4g　　　　　　　　トリモリン　54g

<作り方>
1. Aを混ぜ合わせる。
2. 鍋にBを入れて沸騰させる。
3. 2に1を入れ、冷蔵庫で24時間寝かせる。
4. ソルベマシンにかける。

[白ワインのソルベ]
<材料>

A　トレハロース　190g　　　B　水　150g
　　安定剤　5g　　　　　　　　白ワイン　500g
　　　　　　　　　　　　　　　トリモリン　60g

デラウェア　200g

<作り方>
1. Aを混ぜ合わせる。
2. 鍋にBを入れて沸騰させる。
3. 2に1を入れ、冷蔵庫で24時間寝かせ、剥いたデラウェア
　を加え混ぜる。
4. ソルベマシンにかける。

[グリューワインのソルベ]
<材料>

A　三温糖　80g
　　トレハロース　80g
　　安定剤　4g
　　水　150g
　　トリモリン　60g

B　赤ワイン　600g
　　シナモン、クローブ、ナツメグ　各適量
　　オレンジの輪切り　適量

<作り方>
1. 鍋にBを入れて火にかけ、沸騰したら火からおろし、ラップ
　をして、1時間ほど香りを抽出する。
2. 鍋に1とAを入れ沸騰させる。シノワで漉す。
3. 冷蔵庫で24時間寝かせる。
4. ソルベマシンにかける。

[かき氷のソルベ]
<材料>

パイナップルのピュレ　100g

マンゴーのピュレ　100g

パッションフルーツのピュレ　50g

レシピ：ソルベ、生地

オレンジジュース　100g
レモンジュース　50g
水　500g

<作り方>
すべての材料を混ぜ合わせ製氷用の器で凍らせる。

生地

［ジェノワーズ］
<材料>
全卵　281g
グラニュー糖　160g
薄力粉　160g
バター　47g

<作り方>
1. ボウルに全卵とグラニュー糖を入れて直火にかけ、45℃
　程度に温め、もったりするまで泡立てる。
2. 薄力粉を加え、混ぜる。
3. 70℃に溶かしたバターを加え、混ぜる。
4. 型に入れ、170℃のオーブンで30分焼成する。

［ジェノワーズ・ショコラ］
<材料>
全卵　440g
グラニュー糖　270g
薄力粉　108g
カカオパウダー　42g
牛乳　42g
バター　47g

<作り方>
1. ボウルに全卵とグラニュー糖を入れて直火にかけ、45℃
　程度に温め、もったりするまで泡立てる。
2. あらかじめ2度ふるっておいた薄力粉とカカオパウダーを
　1に加え、混ぜる。
3. 70℃に溶かしたバター、牛乳を加え、混ぜる。
4. 型に入れ、170℃のオーブンで30分焼成する。

［フィユタージュ・ラピッド］
<材料>
薄力粉　160g
強力粉　240g
バター　360g
水　160g
塩　8g

<作り方>
1. 薄力粉と強力粉と、1.5cm程度の角切りにしたバターをミ
　キサーに入れる。
2. 1に水、塩を合わせて入れ、軽く混ぜる。
3. 作業台に移し、生地をまとめ、冷蔵庫で一晩寝かせる。
4. 生地を伸ばし、四つ折りを2回して、冷蔵庫で3～4時間
　寝かせる。
5. 生地を90°回し、4と同様に四つ折りを2回して、冷蔵庫で
　30分～1時間寝かせる。
6. 生地を伸ばし、ピケして冷蔵庫で1時間寝かせる。

［ヴィクトリアスポンジケーキ］
<材料>
バター（ポマード状）　110g
グラニュー糖　110g
全卵　110g
薄力粉　110g
ベーキングパウダー　2g

<作り方>
1. バターにグラニュー糖を加えて混ぜる。
2. 全卵を加え、混ぜる。
3. 合わせてふるっておいた薄力粉とベーキングパウダーを加
　え、混ぜる。
4. 型に入れ、180℃のオーブンで1時間焼成する。

［サブレ／ショコラサブレ］
<材料>
バター（ポマード状）　100g
グラニュー糖　50g
卵黄　20g
薄力粉　100g

<作り方>
1. バターにグラニュー糖を加えてすり混ぜ、卵黄を入れる。
2. 薄力粉を加えてひとまとめにし、冷蔵庫で一晩寝かせる。
3. 2を3mmの厚さに伸ばし、カットする。
4. 表面にドレ（分量外）を塗り、170℃のオーブンで25分焼
　成する。

※ショコラサブレは、2で薄力粉と一緒にカカオパウダー
　13.5gも加える。

［チュイル・アマンド］
<材料>
溶かしバター　20g
グラニュー糖　80g
卵白　50g
薄力粉　15g
アーモンドスライス　90g

<作り方>
1. 溶かしバターにグラニュー糖、卵白を入れてすり混ぜ、最後に薄力粉を合わせる。
2. 1にアーモンドスライスを混ぜる。
3. オーブンシートを敷いた天板に伸ばし、170℃のオーブンで好みの色になるまで、約10分焼成する。

[ラングドシャ]
<材料>
バター（ポマード状）　50g
粉糖　50g
卵白　50g
薄力粉　50g

<作り方>
1. バターに粉糖を加え、人肌に温めた卵白を少しずつ混ぜる。
2. なめらかな生地になったら、薄力粉を加え混ぜ、170℃のオーブンで10分焼成する。

[クルミのシガレットおよびシガレットローズ]
<材料>
バター（ポマード状）　100g
粉糖　100g
卵白　100g
薄力粉　100g
クルミ（刻む）　適量

<作り方>
1. バターに粉糖、卵白を加え、合わさったら薄力粉を混ぜ合わせる。
2. 1の生地をベーキングシートに伸ばし、クルミをふりかけ、170℃のオーブンで7分焼成する。
3. 円柱の物に巻き付けて形作る。

※シガレットローズは、クルミを除き、1の生地に食用色素（赤）で色を付ける。

[ジョコンド]
<材料>
全卵（50℃に温める）　213g
溶かしバター　46g
粉糖　153g
アーモンドパウダー　153g
薄力粉　73g
卵白　166g
グラニュー糖　36g

<作り方>
1. アーモンドパウダー、薄力粉、粉糖、全卵、溶かしバターをフードプロセッサーにかける。
2. 卵白とグラニュー糖でメレンゲを作る。
3. 1と2を混ぜ合わせ、オーブンシートを敷いた天板に流し、200℃のオーブンで12分焼成する。

[シュクセアマンド]
<材料>
卵白　200g
グラニュー糖　200g
粉糖　125g
コーンスターチ　92g
アーモンドパウダー　70g

<作り方>
1. 卵白にグラニュー糖を数回に分けて加え、7分立てにする。
2. 1に粉糖、コーンスターチ、アーモンドパウダーを加え混ぜる。
3. 2を絞り袋に詰め、天板に絞り出す。
4. 100℃のオーブンで3時間焼成する。

[シュクセノワゼット]
<材料>
卵白　100g
グラニュー糖　70g
トレハロース　30g
粉糖　62g
コーンスターチ　46g
ヘーゼルナッツパウダー　35g

<作り方>
1. 卵白に、あらかじめ混ぜておいたグラニュー糖とトレハロースを数回に分けて加え、7分立てにする。
2. 1に粉糖、コーンスターチ、ヘーゼルナッツパウダーを加え混ぜる。
3. 2を絞り袋に詰め、天板に絞り出す。
4. 100℃のオーブンで3時間焼成する。

[シュクセカシス]
<材料>
卵白　100g
グラニュー糖　50g
カシスのピュレ　15g

<作り方>
1. 卵白とグラニュー糖でメレンゲを作り、カシスのピュレを加えてさっくり混ぜる。
2. 1を絞り袋に詰め、天板に絞り出す。
3. 100℃のオーブンで60分焼成する。

レシピ：生地

［タルト・プラリーヌ］

＜材料＞

アーモンドパウダー　100g

グラニュー糖　50g

粉糖　50g

蜂蜜　5g

卵白　25g

バター（ポマード状）　193g

薄力粉　241g

プラリーヌ・ルージュ（→P187）　250g

生クリーム（35%）　250g

＜作り方＞

1. アーモンドパウダー、グラニュー糖、粉糖、蜂蜜、卵白を混ぜパータダマンドを作る。

2. 1にバターを混ぜ、均一になったら薄力粉を加え混ぜる。

3. 2を冷蔵庫で一晩寝かせ、厚さ3mmに伸ばしフォンサージュし、空焼きをしておく。

4. プラリーヌ・ルージュを砕き、沸騰させた生クリームと混ぜ合わせ冷蔵庫に一晩おく。

5. 3に4を流し入れ200℃のオーブンで25分焼成する。

［パータシュー／銀杏グジェール］

＜材料＞

A　水　50g

　　牛乳　50g

　　バター　40g

　　グラニュー糖　3g

　　塩　1g

薄力粉　50g

強力粉　10g

全卵　120g

＜作り方＞

1. 鍋にAを入れ、火にかけてかき混ぜながら沸騰させる。

2. 合わせてふるっておいた薄力粉と強力粉を一気に加え、手早くかき混ぜる。

3. 全体がまとまってきたら火からおろし、ミキサーに移し、低速で回す。

4. ほぐした全卵の1/3量を入れ、ある適度まとまったら高速で回す。

5. 残りの全卵を少しずつ加え、混ぜる。

6. 丸口金を付けた絞り袋に5を詰め、直径3cmに絞り出す。

7. 200℃のオーブンで35分焼成する。

※銀杏グジェールは5の後に粉チーズ80gを加え混ぜ、小さく絞り、殻を割り薄皮を湯むきした銀杏をのせ、さらにシュー生地を絞る。200℃のオーブンで25分焼成する。

［ブリオッシュ］

＜材料＞

フランスパン用粉　300g

グラニュー糖　30g

塩　6g

スキムミルク　9g

インスタントドライイースト　6g

全卵　50g

卵黄　55g

水　110g

バター　150g

＜作り方＞

1. フランスパン用粉、グラニュー糖、塩、スキムミルク、ドライイーストを混ぜる。

2. 1に全卵、卵黄、水を加えてよくこねる。バターを加え、さらにこねる。

3. 丸くまとめ、室温で30分寝かせる。ガス抜きをして平らにまとめ、冷蔵庫で一晩寝かせる。

4. 分割、成形し、ブリオッシュ型に入れ室温で60分発酵させる。

5. 表面にドレ（分量外）を塗り、200℃のオーブンで15分焼成する。

［ババ］

＜材料＞

強力粉　1000g

塩　20g

グラニュー糖　100g

インスタントドライイースト　24g

全卵　840g

バター　300g

＜作り方＞

1. バター以外の材料をミキサーに入れ、こねる。

2. 粘りが出てきたらバターを加え、さらにこねる。

3. 2を冷蔵庫で3時間ほど寝かせる。

4. 厚さ5mmに伸ばし、直径3cmの抜き型で抜き、丸型のポンポネットに入れて、約60分発酵させる。

5. 180℃のオーブンで15分焼成する。

［スフォリアテッラ］

＜材料＞

強力粉　200g

薄力粉　100g

水　120g

ラード　30g

塩　5g

181

<作り方>
1. すべての材料をミキサーで混ぜ、ひとまとまりになったら冷蔵庫で30分寝かせる。
2. 1をパスタマシンにかけ、向こう側が透けるくらい薄く伸ばす。
3. 2にラード（分量外）をまんべんなく塗り、端からくるくると巻く。ラップで包み、冷蔵庫で一晩寝かせる。
4. 3を厚さ5mmの輪切りにし、パスタマシンで直径10cmの丸に伸ばす。
5. 4を丸い型などに置き、180℃のオーブンで45分焼成する。

［モア・イム・ヘムト］
<材料>
バター（ポマード状）　50g
粉糖　25g
アーモンドパウダー　100g
卵黄　60g
チョコレート（溶かす）　50g
卵白　120g
グラニュー糖　25g

<作り方>
1. バターに粉糖、アーモンドパウダー、卵黄を加え、混ぜる。
2. 1にチョコレートを加え、混ぜる。
3. 卵白とグラニュー糖を固く泡立て、2と混ぜ合わせる。
4. 3を小さなクグロフ型に流し入れ、150℃のオーブンで30分湯煎焼きする。

［蒸しパンカフェ］
<材料>
薄力粉　100g
ベーキングパウダー　4g
グラニュー糖　40g
牛乳　80g
インスタントコーヒー　6g
湯　15g

<作り方>
1. 薄力粉、ベーキングパウダー、グラニュー糖、牛乳を合わせ、最後に湯で溶いたインスタントコーヒーを入れる。
2. キャセットに入れ、蒸し器で15分蒸す。

［クレープ］
<材料>
全卵　120g
グラニュー糖　50g
薄力粉　70g
強力粉　30g

塩　1g
溶かしバター　15g
牛乳　330g

<作り方>
1. ボウルにすべての材料を入れてよく混ぜ、シノワで漉し、冷蔵庫で半日以上寝かせる。
2. フライパンにバター（分量外）を溶かし、1を薄く伸ばして両面を焼く。

［ソバ粉のガレット］
<材料>
A　ソバ粉　120g
　　薄力粉　30g
　　塩　1g

水　250g
全卵　60g

<作り方>
1. Aをよく混ぜ合わせる。
2. 水と全卵を1に加え混ぜ、冷蔵庫で1時間寝かせる。
3. 天板に油をひき、生地を薄く伸ばして、180℃のオーブンで約8分焼成する。
4. 焼きあがったら、熱いうちに丸めたアルミホイルなどの上に置き、形作る。

［ビュンヌ］
<材料>
バター（ポマード状）　50g
グラニュー糖　50g
全卵　120g
中力粉　250g
塩　2g
ラム酒　20g
揚げ油　適量
粉糖　適量

<作り方>
1. バターとグラニュー糖をすり合わせ、全卵、ラム酒、塩を加えて乳化させる。
2. 中力粉を加えてよく混ぜ、冷蔵庫で半日寝かせる。
3. 1.5mmの厚さに伸ばし、カットする。
4. 180℃の揚げ油で2分、両面を揚げる。熱いうちに粉糖でまぶす。

［クランブル／シナモンクランブル］
<材料>
薄力粉　50g
アーモンドパウダー　50g

レシピ：生地、その他

バター　50g
グラニュー糖　50g

＜作り方＞
1. すべての材料をロボクープに入れそぼろ状にする。
2. 180℃のオーブンで25分焼成する。

※シナモンクランブルは、シナモンパウダー5gを加える。

［バジルクランブル］
＜材料＞
強力粉　100g
アーモンドパウダー　200g
バター　150g
グラニュー糖　8g
塩　6g
バジルの葉　10枚

＜作り方＞
クランブルと同じ。

［枝豆クランブル］
＜材料＞
強力粉　100g
アーモンドパウダー　100g
枝豆（ゆでてさやから取り出したもの）　100g
バター　150g
グラニュー糖　8g
塩　6g

＜作り方＞
クランブルと同じ。

［玄米シュトロイゼル］
＜材料＞
玄米粉　100g
薄力粉　100g
全卵　40g
ベーキングパウダー　6g
きび砂糖　60g
バター　150g

＜作り方＞
クランブルと同じ。

［メレンゲ2:1／メレンゲ2:1ココナッツ］
＜材料＞
卵白　90g
グラニュー糖　150g
トレハロース　30g

＜作り方＞
1. 卵白に、あらかじめ合わせておいたグラニュー糖とトレハロースを加え、固く泡立てる。
2. 1を天板に絞り、90℃のオーブンで2時間焼成する。

※メレンゲ2:1ココナッツは絞った生地にココナッツロング適量をふってからオーブンに入れる。

［カーディナルシュニッテン］
＜材料＞

A	卵白　80g		B	全卵　60g
	グラニュー糖　55g			卵黄　40g
	塩　1g			グラニュー糖　30g
				塩　1g

薄力粉　30g

＜作り方＞
1. Aを泡立て、メレンゲにする。
2. Bを泡立てる。
3. 2がしっかりと泡立ったら、薄力粉を加え、さっくりと混ぜる。
4. 1と3をそれぞれ丸口金を付けた絞り袋に詰め、帽子を形作るように絞り、オーブンシートを敷いた天板に絞る。
5. 180℃のオーブンで10分焼成する。

［ウフアラネージュ］
＜材料＞

A　卵白　120g
　　グラニュー糖　40g
　　トレハロース　20g

オレンジゼスト（おろす）　少々

＜作り方＞
1. Aを泡立て、最後にオレンジゼストを加える。
2. フレキシパンの上に絞り、80℃のスチームコンベクションオーブンで10分焼成する。

その他

［イチゴのコンフィチュール／イチジクのコンフィチュール／柿のコンフィチュール／ブドウ（シャインマスカット／長野パープル）のコンフィチュール／フランボワーズのコンフィチュール／ベリーのコンフィチュール／チェリーのコンフィチュール／カシスのコンフィチュール／フレーズデボワのコンフィ

チュール]

<材料>

各果物　150g

グラニュー糖　45g

※イチジクは皮付きで、柿は皮をむく。ブドウは半割りにする。
　イチゴ、イチジク、柿は粗く刻む。
※ベリーのコンフィチュールはブルーベリー、フランボワーズ、
　ブラックベリーなどを使用。
※チェリーのコンフィチュールは種を取り除いて計量する。
※カシスのコンフィチュールとフレーズデボワのコンフィ
　チュールはホールを使用。

<作り方>

鍋に果物とグラニュー糖を入れ火にかけ、好みの濃度まで煮
る。

[アンズのコンフィチュール]

<材料>

アンズ（種を取って半割りにする）　100g

グラニュー糖　30g

<作り方>

鍋にアンズとグラニュー糖を入れ火にかけ、好みの濃度まで
煮る。

[イチゴとルバーブのコンフィチュール]

<材料>

イチゴ　50g

ルバーブ（角切り）　50g

グラニュー糖　30g

<作り方>

鍋に材料をすべて入れ火にかけ、好みの濃度まで煮る。

[モモとフランボワーズのコンフィチュール]

<材料>

モモ（角切り）　80g

フランボワーズ（ホール）　120g

グラニュー糖　60g

<作り方>

鍋に材料をすべて入れ火にかけ、好みの濃度まで煮る。

[蕗のコンフィチュール]

<材料>

蕗（筋を取り、刻む）　150g

グラニュー糖　50g

レモン汁　15g

<作り方>

鍋に蕗とグラニュー糖を入れ火にかけ、好みの濃度まで煮
る。レモン汁を加える。

[レモンのコンフィチュール]

<材料>

レモン　400g（約10個）

A

グラニュー糖　150g

ペクチン　8g

トレハロース　50g

<作り方>

1. レモン半量の皮を剥き、細く刻み苦みをとるために3回ゆ
　でこぼす。

2. カルチェ剥きした身の部分とA、1を火にかけ好みの濃度
　まで煮る。

[オレンジのコンフィチュール／グレープフルーツ
　のコンフィチュール]

<材料>

オレンジ／グレープフルーツ　400g（オレンジは約2個半、グ
レープフルーツは約2個）

A

グラニュー糖　150g

ペクチン　8g

トレハロース　50g

<作り方>

1. オレンジ／グレープフルーツの皮を剥き、細く刻み苦みを
　とるために3回ゆでこぼす。

2. カルチェ剥きした身の部分とA、1を火にかけ好みの濃度
　まで煮る。

[アンズのジュレ]

<材料>

アンズのピュレ　105g

グラニュー糖　15g

水　210g

板ゼラチン　8g

<作り方>

1. 鍋にアンズのピュレ、グラニュー糖、水を入れ、80℃まで温
　める。

2. 冷水で戻した板ゼラチンを加え、冷やし固める。

レシピ：その他

［パッションフルーツのジュレ］

<材料>
パッションフルーツのピュレ　157g
トレハロース　105g
水飴　52g
板ゼラチン　1g

<作り方>
1. 鍋にパッションフルーツのピュレ、トレハロース、水飴を入れ、火にかける。
2. 絶えずかき混ぜ、沸騰したら火からおろし、冷水で戻した板ゼラチンを加える。

［パッションペパンのジュレ］

<材料>
種入りパッションフルーツのピュレ　100g
グラニュー糖　12.5g
「イエローリボン」（ゲル化剤）　3.25g

<作り方>
種入りパッションフルーツのピュレを50℃に温め、グラニュー糖と「イエローリボン」を加えて沸騰させる。冷蔵庫で保存しておく。

［フランボワーズビネガーのジュレ］

<材料>
A　フランボワーズ　150g
　　グラニュー糖　30g

Aでできた液　120g
フランボワーズビネガー＊　30g
板ゼラチン　1g

<作り方>
1. フランボワーズホールにグラニュー糖をまぶし1日おき出てきた上澄みの果汁をとる。
2. 1とフランボワーズビネガーを60℃まで温め、冷水で戻した板ゼラチンを加え冷蔵庫で固める。

＊フランボワーズビネガー：消毒した瓶にリンゴ酢、グラニュー糖、フランボワーズを同割で入れ涼しい場所で1週間おく。

［マンゴービネガーのジュレ］

<材料>
マンゴーのピュレ　50g
マンゴービネガー＊　50g
グラニュー糖　12.5g
「イエローリボン」（ゲル化剤）　3.25g

<作り方>
マンゴーのピュレ、マンゴービネガー、グラニュー糖、「イエ

ローリボン」を火にかけ沸騰させ冷やす。

＊マンゴービネガー：消毒した瓶にリンゴ酢、グラニュー糖、マンゴーを同割で入れ涼しい場所で1週間おく。

［パスティスオレンジのジュレ］

<材料>
A　オレンジジュース　200g
　　水　67g
　　グラニュー糖　53g

板ゼラチン　1g
「ペルノ」または「リカール」　33g

<作り方>
鍋にAを入れて60℃まで温め、冷水で戻した板ゼラチンを溶かし、「ペルノ」または「リカール」を加え冷やしておく。

［梅酒のジュレ／日本酒のジュレ］

<材料>
梅酒／日本酒　150g
板ゼラチン　2g

<作り方>
梅酒／日本酒を60℃まで温め、冷水で戻した板ゼラチンを加え混ぜ、冷やし固める。

［コンソメのジュレ］

<材料>
コンソメキューブ　5g
水　300g
板ゼラチン　5g

<作り方>
コンソメキューブ、水を沸騰させ、冷水で戻した板ゼラチンを加え、冷やし固める。

［モモのコンポートおよびチェリーのコンポート］

<材料>
モモ（半割りし種を取る）　1個
グラニュー糖　35g
トレハロース　35g、
水　100g
レモン汁　5g

<作り方>
すべての材料を耐熱のジッパー付きプラスチックバッグに入れて、80℃の湯の中に30分程度入れる。

※チェリーのコンポートは、モモをサクランボ適量、水を50gに置き換え、チェリーのピュレ50gを加える。

185

［洋ナシのコンポート］
＜材料＞
洋ナシ　1個
水　250g
グラニュー糖　85g

＜作り方＞
すべての材料を耐熱のジッパー付きプラスチックバッグに入れて、80℃の湯の中に30分程度入れる。

［サツマイモのコンポートおよびカボチャのコンポート］
＜材料＞
サツマイモ　500g
水　1000g
グラニュー糖　500g

＜作り方＞
サツマイモを輪切りにし、鍋に水、グラニュー糖と一緒に入れる。落とし蓋をし、弱火で煮崩れないように煮る。

※カボチャのコンポートは、サツマイモをカボチャに置き換え、適当な大きさに切る。

［ドライオレンジ］
＜材料＞
オレンジ（薄い輪切り）　1個分
トレハロース　80g
水　120g

＜作り方＞
水とトレハロースでシロップを作り、オレンジを1時間浸す。水分を切り、オーブンシートを敷いた天板に並べ、90℃のオーブンに乾燥するまで入れておく。

［アンゼリカ］
＜材料＞
蕗　200g
水　500g
塩　ひとつまみ
酢　15g
グラニュー糖　100g＋適量

＜作り方＞
1. 蕗を適当な大きさに切り、水、塩、酢で1分下茹でする。
2. 筋をとりグラニュー糖100gをまぶし、水が出てきたら火にかけ、とろみがつくまで煮詰める。
3. 網にあけ、粗熱がとれたらグラニュー糖にまぶす。

［タタン］
＜材料＞
リンゴ　500g
グラニュー糖　50g
レモン汁　10g
バター　10g

＜作り方＞
1. 皮を剥き、芯を取ってスライスしたリンゴにグラニュー糖、バター、レモン汁をまぶす。
2. 1を型に入れ、180℃のオーブンで好みの色になるまで約60分焼く。

［グロゼイユとカシスのソース］
＜材料＞
グロゼイユ　50g
カシス　50g
グラニュー糖　50g

＜作り方＞
鍋にすべての材料を入れ、火にかけ適度に煮詰める。

［フランボワーズのソース］
＜材料＞
フランボワーズクリアー液（冷凍フランボワーズをかき混ぜずにとろ火にかけ、果汁のみを取り出したもの）　125g
グラニュー糖　4g
「イエローリボン」（ゲル化剤）　4g

＜作り方＞
鍋にすべての材料を入れ、いったん沸騰させたら、冷やしておく。

［キャラメルソース］
＜材料＞
グラニュー糖　100g
ぬるま湯　85g

＜作り方＞
鍋でグラニュー糖を焦がし飴色になったらぬるま湯を加えて、よく混ぜる。

［濃厚キャラメルソース］
＜材料＞
グラニュー糖　100g
生クリーム　100g

＜作り方＞
1. 鍋にグラニュー糖の半量を入れて火にかける。
2. 溶けたら残りのグラニュー糖を入れ、きつね色になったら、

温めた生クリームを加え混ぜ、火からおろす。

［キャラメル］
<材料>
グラニュー糖　100g
水　20g

<作り方>
鍋でグラニュー糖を焦がし飴色になったら水を加えて、火からおろす。

［クレーム・アングレーズ］
<材料>
生クリーム（35%）　150g
加糖卵黄　33g
グラニュー糖　30g
バニラペースト*　1g

<作り方>
1. 鍋に生クリームを入れて火にかけ、80℃まで温める。
2. 加糖卵黄とグラニュー糖、バニラペーストを混ぜ、1の少量を加え混ぜる。
3. 2を1に戻して再度火にかけ、83℃になったら火からおろして、余熱またはとろ火でとろみをつける。シノワで漉し、氷水などで素早く冷やす。

*バニラビーンズ（さやごと）とトリモリン1:1をフードプロセッサーでペースト状にする。

［イタリアンメレンゲ／イタリアンメレンゲ・チェリー］
<材料>
グラニュー糖　150g
水／チェリーのピュレ　70g
卵白　100g

<作り方>
1. グラニュー糖と水／チェリーのピュレを117℃まで煮詰める。
2. 卵白を泡立てきめが細かく泡立ってきたら、1を少しずつ加え、ミキサーで固くなるまで泡立てる。

［プリン］
<材料>
グラニュー糖　30g
水　10g

全卵　125g
グラニュー糖　75g
牛乳　250g

<作り方>
1. グラニュー糖30gを熱し、ほどよく焦げたら水を加えて、火からおろす。
2. 全卵とグラニュー糖75gをすり混ぜ60℃に温めた牛乳と合わせ、漉す。
3. 1をプリンカップの底に6g入れ、2を注ぐ。
4. 150℃のオーブンで約25分湯煎焼きする。

［カボチャのプリン］
<材料>
A　全卵　706g
　　加糖卵黄　150g
　　グラニュー糖　270g

牛乳　1000g
カボチャペースト　1000g

<作り方>
1. Aをすり混ぜ、60℃に温めた牛乳と合わせる。
2. カボチャペーストに1を少しずつ加え混ぜ、漉す。
3. 2をグラスに入れ、85℃のスチームコンベクションオーブンで20分焼く。

［ウイスキーコーヒーゼリー］
<材料>
コーヒー　500g
グラニュー糖　70g
ウイスキー　50g
「パールアガー8」　12g
「トラブリ」（コーヒーエキストラ）　2g

<作り方>
80℃のコーヒーにグラニュー糖、「パールアガー8」を加えてよく混ぜ、最後にウイスキーと「トラブリ」を入れる。型などに入れ、冷やし固める。

［フレンチトースト］
<材料>
A　全卵　180g
　　牛乳　180g
　　グラニュー糖　45g
パン　適量

<作り方>
1. すべての材料を混ぜ合わせる。
2. パンを浸してバター（分量外）を溶かしたフライパンで焼く。

［プラリーヌ・ルージュ］
<材料>
アーモンド　500g

グラニュー糖　1190g

水飴　200g

水　458g

食用色粉（赤）　適量

<作り方>

1. アーモンドは軽くローストする。

2. グラニュー糖、水飴、水、食用色粉を煮詰める。

3. アーモンドに2のシロップを少しずつ入れ、火にかけながらアーモンドに糖衣をまとわせる。

[ヘーゼルナッツのキャラメリゼ]

<材料>

ヘーゼルナッツ（ロースト）　500g

グラニュー糖　100g

サラダ油　小さじ1

<作り方>

鍋にグラニュー糖を入れて火にかけ、キャラメル状になったらヘーゼルナッツを入れ、好みの色になるまで弱火で混ぜ続ける。サラダ油を加え、素早くばらす。

[マカダミアナッツのしゃらせ]

<材料>

マカダミアナッツ（生）　1000g

水　357g

グラニュー糖　500g

塩　20g

<作り方>

1. 鍋に材料すべてを入れて沸騰させる。冷蔵庫で24時間寝かせる。

2. 1をザル等でシロップとマカダミアナッツに分ける。

3. マカダミアナッツを180℃のオーブンで25分、ローストする。

4. 2のシロップを117℃まで煮詰め、3を入れしゃらせる。

[ピーナッツのしゃらせ]

<材料>

ピーナッツ（ロースト）　200g

水　70g

グラニュー糖　120g

<作り方>

鍋にグラニュー糖、水を入れ、117℃まで煮詰める。火からおろしピーナッツを入れ、よく混ぜる。

[クルミのショウガしゃらせ]

<材料>

クルミ（ロースト）　200g

水　70g

グラニュー糖　120g

ショウガの搾り汁　35g

<作り方>

鍋にグラニュー糖、水、ショウガの搾り汁を入れ、117℃まで煮詰める。火からおろしクルミを入れ、よく混ぜる。

[クランチ]

<材料>

ナッツ（アーモンド、ヘーゼルナッツ、ピスタチオ、クルミ）　200g

水　70g

グラニュー糖　120g

溶かしチョコレート　100g

フォイユティーヌ　30g

<作り方>

鍋にグラニュー糖、水を入れ、117℃まで煮詰める。火からおろしナッツを入れ、よく混ぜる。溶かしチョコレート、フォイユティーヌを加え、よく混ぜる。

[ポン菓子（トッピング用）]

<材料>

ライスパフ　100g

ドライショウガ（刻む）　20g

A　水飴　135g

　　バター　7g

　　水　10g

　　塩　1g

<作り方>

鍋でAを白っぽくなるまで煮詰め、ドライショウガ、ライスパフを混ぜ合わせ、オーブンシートに伸ばし広げて固める。

[生麩]

<材料>

A　強力粉　160g　　　　B　白玉粉　27g

　　水　80g　　　　　　　　水　16g

　　塩　ひとつまみ　　　　　よもぎパウダー　5g

<作り方>

1. Aをグルテンがでるまでよくこね、ラップで包んで常温で1時間寝かせる。

2. 1を布巾に包み、水の中で揉みながらグルテンだけ残す。白い濁りがなくなればよい。

3. フードプロセッサーにBと2を入れ、なめらかになるまで撹拌する。

4. 3を丸く成形し、80℃の湯で15分茹でて、氷水にとって冷やす。

レシピ：その他

［葛きり］

<材料>
グラニュー糖　20g
水　200g
「クールアガー」10g

<作り方>
鍋にグラニュー糖と水を入れて沸騰させ、「クールアガー」を入れ、火からおろす。バットなどに流して固め、麺状にカットする。

［ジンジャーシロップ］

<材料>
新ショウガ（スライス）　500g
上白糖　120g

<作り方>
ショウガに上白糖をまぶし、汁が出たら鍋に入れ、弱火で15分煮詰める。

［ウイスキーシロップ］

<材料>
グラニュー糖　50g
水　240g
ウイスキー　50g

<作り方>
グラニュー糖と水で糖度30°ボーメのシロップを作る。冷めたらウイスキーを加える。

［ババシロップ］

<材料>
グラニュー糖　800g
水　2000g
オレンジの皮　1個分

<作り方>
鍋にすべての材料を入れ、いったん沸騰させたら60℃をキープする。

［キルシュシロップ］

<材料>
30°ボーメのシロップ　100g
水　100g
キルシュ酒　40g

<作り方>
すべての材料を混ぜ合わせる。

［飴ベース］

<材料>
グラニュー糖　200g
水飴　20g

<作り方>
鍋に材料すべてを入れ、火にかけて溶かす。

［餅（コーティング用）］

<材料>
餅　1個
牛乳　80g
グラニュー糖　20g

<作り方>
電子レンジ対応の容器にすべての材料を入れ、餅が溶けるまで加熱する。60℃ぐらいを保ちながら、バーミックスで均一にする。固さは牛乳（分量外）で調節する。

より魅力的なグラス・スイーツを作るための10カ条

01. まずはテーマ＆主役の素材を決める

新しいグラス・スイーツを作る際は、まずテーマか主役にしたい材料を決める。テーマは場所、色、これまで体験したモノ・コト、何でもいい。そしてアイスクリームやソルベを2種類選び、具体的なレシピに落とし込んでいく。2種類以内が「何を食べさせたいか」を伝えやすい。定番菓子をグラス・スイーツに仕立てるときは、いったん頭の中で要素をバラバラにして、構成し直してみるとよい。

02. グラス選びと盛り付けの基本

少量でインパクトのある味なら小さなグラス、デコレーションで華やかに見せたいときは広口のグラスを選ぶとよい。背の高いものだとインパクトがありスタイリッシュに、低く横に広げると可愛らしいイメージになる。表面のデコレーションは手前を低く、奥にいくほど高くし、左右はほぼ対称にするとバランスがとれる。

03. コンフィチュールでアイスクリームは七変化

アイスクリームがバニラしかなくても、コンフィチュールがあれば、バリエーション幅を広げられる。自家製であれば、糖分を減らして果物の味わいがより前面に出るようにし、混ざりやすいゆるめの濃度にする。混ぜるときは「ざっくり」と。フルーツの食感が残り、アクセントとしての役割も果たす。淡い味わいのアイスクリームの場合は、同じフルーツのコンフィチュールを添えることで、本来の風味を補えるし、違うフルーツのコンフィチュールがアイスクリームの味を引き立たせることもある。

04. アイスクリームの香りづけにはホールのスパイスを使う

アイスクリームをスパイスで風味づけするときは、パウダーではなくホールを使う。ホールの方がスパイスが主張し過ぎず、まろやかな味わいになるからだ。スパイスの色もつきにくい。温めた牛乳にスパイスを入れ、ラップで覆ってしばらく置き、香りを移す。この牛乳を使ってアイスクリーム生地を作る。

05.「絞り」はアイスクリームの温度が大切

アイスクリームを絞り袋に入れて絞るときは、－6〜7℃が適温。市販品なら冷蔵庫で30分置いて柔らかくするといい。絞ることで見た目がグレードアップすると同時に、チョコレートやスパイスを入れたアイスクリームなど、シャープな味のものは、広口金で絞ると口当たりが柔らかくなるという効果も。なお、口の狭いグラスにアイスクリームを入れるときは、口金なしの絞り袋で絞るときれいに仕上がる。

06. 「塩梅」が味を鮮やかに際立たせる

スイカに塩、お汁粉に漬物、と塩は甘みを引き立てる。アイスクリームにも、ちょっとの塩けがコクや奥行きをもたらす。粒の粗い塩をアイスクリームに直接、1粒、2粒トッピングしてもいいし、添えるクッキーなどに塩を利かせる方法もある。ポテトチップスやカラスミを絶妙なバランスで合わせることで、意外なおいしさが発見できることもある。

07. アルコールの使い方はひと工夫を

酒風味のアイスクリームを作るのは、高度なテクニックがいる。アルコール分を加えると、アイスクリームは固まりにくくなってしまうからだ。酒を利かせたグラス・スイーツにするなら、仕上がりにかけるといい。スポイトに入れてアイスクリームに刺したり、酒でフランベしたフルーツを添えたりするのも手。

08. カリカリ、サクサク、ガリガリは不可欠

アイスクリームは冷たくてクリーミーが持ち味だが、食べ飽きないためにも食感をプラスするといい。カリカリ、サクサク、ガリガリとアイスクリームの種類によって、相性のいい食感のクッキーなどを添える。アイスクリーム＝洋菓子の概念から離れ、市販のメレンゲ、クッキーはもちろん、おこしなど、自由な発想でプラス食感素材を探してみる。また、「多すぎるかな？」と思うくらい大胆に盛り込んでみると、定番の組み合わせでも印象がガラリと変わる。

09. プラスαは作り置きで

グラス・スイーツに限らず、料理もお菓子も五感に訴えるのはコントラスト。アイスクリームと、アイスクリームの美味しさを引き立てるパーツが常備されていれば、グラス・スイーツの8割は完成だ。コンフィチュールに、甘みをキリッと引き立てるフルーツビネガー、食感をプラスするクッキー、クランブル、パイなどは作り置きしておくと便利。

10. 仕上げのワンポイントで全体が引き立つ

ハーブやエディブルフラワーは、彩りが足りないときに効果的なワンポイントになる。だが、単なる飾りではない。香りのあるハーブで風味の、さまざまな色の花でグラス全体の色合いのバランスがとれる。赤いグロゼイユ、緑が鮮やかなピスタチオは盛り付けが「なんだか決まらない」ときに役立つスグレモノ。たとえアイスクリームだけでも、色鮮やかで形が可愛い添えものがあればオシャレに決まる。

山内敦生（やまうち あつお）

1978年、愛知県祖父江町（現・稲沢市）生まれ。幼い頃より菓子作りや料理に興味をもつ。大阪のあべの辻製菓学校、辻製菓技術研究所卒業後、「ベルグの4月」初代シェフパティシエ・山本次夫氏に師事。2007年よりヨーロッパで2年修業後、帰国後は再度「ベルグの4月」を活躍の場とし、よりいっそう磨きのかかった腕をふるう。2012年より「ベルグの4月」シェフパティシエ。

ベルグの4月
神奈川県横浜市青葉区美しが丘2-19-5
tel: 045-901-1145
http://www.bergue.jp/
2018年夏より、グラス・スイーツをメインとした店舗を東京・西麻布を皮切りに展開。

Staff
編集　羽根則子
写真　海老原俊之
取材・まとめ　松野玲子
装丁・デザイン　武田厚志（SOUVENIR DESIGN INC.）
協力　山本次夫（リストワールヤマモト）、加藤美優、佐々木あかね、ベルグの4月スタッフ一同

さまざまな素材と組み合わせを愉しむ
グラス・スイーツ・バリエーション　NDC596

2018年5月18日　発行

著　者　ベルグの4月　山内敦生
発行者　小川雄一
発行所　株式会社 誠文堂新光社
　　　　〒113-0033　東京都文京区本郷3-3-11
　　　　（編集）電話03-5805-7285
　　　　（販売）電話03-5800-5740
　　　　http://www.seibundo-shinkosha.net/
印刷所　株式会社 大熊整美堂
製本所　和光堂 株式会社

© 2018, Atsuo Yamauchi, Avril de Bergue
Printed in Japan
検印省略
禁・無断転載
落丁・乱丁本はお取り替え致します。

本書のコピー、スキャン、デジタル化等の無断複製は、著作権法上での例外を除き、禁じられています。本書を代行業者等の第三者に依頼してスキャンやデジタル化することは、たとえ個人や家庭内での利用であっても著作権法上認められません。

JCOPY ＜（社）出版者著作権管理機構 委託出版物＞
本書を無断で複製複写（コピー）することは、著作権法上での例外を除き、禁じられています。本書をコピーされる場合は、そのつど事前に、（社）出版者著作権管理機構（電話 03-3513-6969／FAX 03-3513-6979／e-mail:info@jcopy.or.jp）の許諾を得てください。

ISBN978-4-416-61718-2